조선의 별별 전문가들

그런 멋진 일을 하셨소?

김영숙 글
방상호 그림

위즈덤하우스

작가의 말

조선을 지탱한 기상천외한 보통 사람들

'조선 시대' 하면 떠오르는 사람이 있나요? 훌륭한 업적을 세운 왕, 정직하고 청렴했던 양반, 학문으로 이름을 알린 학자, 전쟁에서 용감히 싸운 장군 등 나라에 큰 공을 세운 위인들이 대부분일 거예요. 그러나 조선을 지탱한 사람들은 평범한 백성들이었어요. 백성들이 가정을 일구고 일터를 지키며 묵묵히 자신의 역할을 해 준 덕분에 조선은 굳건히 계속될 수 있었어요. 진짜 조선을 알고 싶다면 일반 백성들의 삶을 들여다봐야 해요.

조선 사람들의 진짜 삶을 들여다보기 전에는 조선 시대 사람들은 나와 딴 세상을 살았을 거라고 생각했어요. 그런데 조선 사람들의 흔적을 찾기 위해 기록과 유물, 유적을 찾아다녀 보니, 지금 우리와 다른 듯 다를 것 없는 조선 사람들의 이야기가 그 어떤 위인전보다 감동과 교훈을 주었어요.

조선에 변호사니, 기자니, 과학 수사관 같은 전문가가 있었다는 게 믿기나요? 그뿐만이 아니에요. 상조 서비스를 담당하는 장의사, 호랑이 잡는 직업, 심지어 스파이도 있었어요. 거기에 무슨 대행 아르바이트는 그렇게 많은지, 대신 매 맞아 주고, 대신 군대 가 주고, 대신 울어 주고, 심지어 대신 시험도 봐 준대요. 들으면서도 믿을 수 없는 조선의 속살이에요. 평생 한 가지 일에 매진하는 장인들이 있는가 하면, 사람들을 웃고 즐기게 해 주는 광대 같은 연예인도 있었어요. 이렇게 조선은 각 분야의 전문가로 활약하던 사람들, 온갖 재주와 성실함으로 일터를 지키고 가정을 꾸린 백성들이 이끌어 간 나라예요. 그 백성들이 살아가며 만들어 간 그곳에 지금 우리가 있어요.

   책을 쓰는 동안 이름을 남기지 못한 조선 사람들의 삶을 보고 들으며 감탄하기도 하고 안타까워 울기도 했어요. 성공이나 부귀영화를 누리지 못하더라도 각자의 분야에서 최고의 전문가로 활약하고, 주어진 환경에서 최선을 다해 삶을 살아 낸 백성들이 진정한 역사의 주인공이에요.

2025년 김영숙

차례

작가의 말 2

1 시대를 앞서간 전문가들

외지부, 백성들의 변호사 8
기별 서리, 기자인가 속기사인가 18
산원, 수포자가 뭔가? 28
역관, 무역으로 돈 버는 동시 통역사 36
오작인, 사건의 진실을 밝히는 과학 수사관 46
사진으로 만나는 조선의 전문가 54

2 힘든 일, 더러운 일, 위험한 일

매골승, 버려진 시신을 수습하는 장의사 58
똥장수, 똥 주세요, 똥 사세요! 66
착호갑사, 호랑이 때려잡는 군인 74
체탐인, 적진에 숨어드는 스파이 84
매품팔이, 대신 맞아 드립니다 92
사진으로 만나는 조선의 극한 직업 102

3 그때는 있고, 지금은 없다!

- 곡비, 울음소리가 끊기면 안 된다! **106**
- 대립군, 가기 싫은 군대, 대신 가 드립니다 **116**
- 접, 과거 합격의 지름길 **126**
- 떼꾼, 뗏목 지어 떼돈 버세 **136**
- 전기수, 실감 나게 책 읽어 주는 예능인 **146**
- **사진으로 만나는 사라진 조선의 직업 154**

4 기술과 예술 사이

- 사기장, 그릇 빚는 고달픈 달인 **158**
- 필장, 붓 만드는 장인 **166**
- 마경장, 거울 갈아요! **174**
- 침선장과 침선가, 바느질 선수들 **182**
- 광대, 전국을 누비는 만능 엔터테이너 **192**
- 악생과 악공, 국립 오케스트라 단원들 **200**
- **사진으로 만나는 조선의 장인 210**

조선에도 변호사가 있었다

조선 시대에는 억울한 일을 겪거나, 손해를 입으면 어떻게 했을까요? 그때도 지금처럼 소송을 걸고 재판을 했어요. 양반은 물론이고, 여성이나 천민, 심지어 옥에 갇힌 죄수도 억울함을 알릴 수 있었어요. 그런데 대부분 글을 몰랐던 평민이나 천민은 어떻게 소송을 걸고 재판을 할 수 있었을까요?

조선에도 돈을 받고 소송을 대신해 주는 사람이 있었으니, 바로 외지부예요. 외지부는 고려의 도관지부에서 나온 말이에요. 도관은 노비의 장부와 소송을 담당하는 관청이고, 지부는 도관에서 노비 소송을 판결하는 관리였어요. 외지부는 밖에 있는 지부라는 뜻으로, 도관 밖에서 지부 노릇을 한다는 뜻이지요. 관청이 아닌 일반 백성들 사이에서 활동하는 법률 전문가로 요즘으로 치면 변호사의 역할을 했어요.

외지부는 백성들이 억울한 일을 당하거나 소송에 걸렸을 때 어떻게 해야 할지 알려 주었어요. 글을 알지 못하는 사람들을 위해 소송을 걸 때 내야 하는 서류를 대신 써 주고, 소송과 관련된 법 지식을 가르쳐 주었어요. 죄를 지은 사람은 가벼운 벌을 받게, 이익이 걸려 있는 소송은 이길 수 있게 도왔어요. 재판장에 나가 의뢰인이 해야 할 말을 대신해 주기도 했어요.

법과 소송의 달인

　조선에서는 누구나 소송을 걸 수 있었지만, 소송은 아무나 할 수 있는 일이 아니었어요. 반드시 정해진 절차와 양식을 따라야 했기 때문이에요. 재판을 신청할 때는 재판관에게 사정이 이러이러하니 잘잘못을 가려 달라고 간곡히 알리는 글인 '소지'를 써내야 했어요. 소지는 글만 안다고 쓸 수 있는 게 아니었어요. 재판관에 대한 존경을 나타내기 위해 예의와 형식을 갖추어서 써야 했거든요. 어설프게 썼다가는 억울함을 풀기는커녕 볼기만 맞고 내쫓길 수도 있었어요. 정약용은 《목민심서》에서 마을 훈장들이 백성들의 소지를 대신 써 주는데, 훈장들은 글만 알고 법은 몰라 중요한 증거는 빼놓고 감정에 호소하는 말만 길게 늘어놓는다고 지적했어요. 훈장이 이러는데 평범한 백성들은

오죽했을까요. 이런 까닭에 백성에게는 외지부가 필요했어요. 요즘처럼 자격증이 따로 있는 것은 아니었지만, 글은 기본이고 법 지식에 밝은 양반이나 중인이 외지부를 했어요. 혼자 일하는 사람도 있고, 몇 사람이 한패가 되어 서

로 번갈아 가면서 소송에 나서기도 했어요. 한 사람이 같은 사건을 두 번 이상 소송할 수 없다는 법 때문에 패를 이루어 돌아가면서 소송을 한 거예요. 이 역시 법을 알아야

할 수 있는 일이었지요.

 외지부는 소송이 있는 곳이면 어디든 달려갔어요. 재판이 열리는 곳을 서성이면서 의뢰인을 찾거나 소송을 하도

록 부추겼어요. 왕에게 직접 올리는 상언이나 격쟁을 도와 준 뒤 돈을 벌기도 했어요. 상언은 왕이 행차할 때 자신이 당한 억울한 일을 글로 올리는 거예요. 외지부는 사람들이 부탁한 상언을 미리 써 두고, 왕의 행차 소식이 들리면 언제든 달려 나가 상언을 올렸어요. 격쟁은 억울한 일을 당한 사람이 궁궐에 가거나 왕이 행차할 때 징을 쳐서 관심을 집중시킨 뒤 자신의 억울함을 알리는 거예요. 외지부는 이때 어떻게 해야 할지 조언해 주었어요. 비록 돈을 받고 하는 일이지만, 백성으로서는 고마운 일이 아닐 수 없었지요.

외지부는 골칫거리 악당?

백성에게 도움을 주는 외지부를 바라보는 조정의 시선은 곱지 않았어요. 백성들을 꼬드겨 소송을 벌이고 얄팍한 법 지식을 팔아 사회를 어지럽히는 골칫거리로 여겼지요. 조정에서는 왜 외지부를 눈엣가시로 여겼을까요? 조선은 소송 없는 나라를 꿈꿨어요. 소송이 없는 나라는 억울함이 없는 나라이고, 왕이 덕으로 다스리면 이런 나라를 이룰 수 있다고 믿었어요. 그런 조정에서 볼 때 소송을 부추기는 외지부는 소송 없는 나라를 방해하는 사회악이었어요.

외지부에 대한 조정의 시선이 곱지 않았던 것은 소송을

부추긴다는 이유만은 아니었어요. 법 지식을 이용해 불법과 악행을 저지르는 외지부들이 있었기 때문이에요. 그런 외지부들은 소송에서 이기기 위해서 증거를 없애거나, 거짓 문서를 만들고, 관리들에게 뇌물을 쓰기도 했어요. 조정에서 보면 나라의 질서를 어지럽히는 골칫거리 악당이라 할 만했지요. 그래서 성종 때는 외지부로 활동하는 것을

금지해 버려요. 그때부터 외지부는 불법적인 직업이 되어 버렸지요.

외지부로 일하는 것을 금지했음에도 외지부는 사라지지

않았어요. 오히려 외지부의 활동 범위는 더 넓어지고 대담해졌어요. 조정 권력과 손을 잡는 외지부까지 등장했는데, 왕실 안에서도 외지부의 도움을 받아 이익을 얻으려는 사람이 있던 거예요.

시대가 갈수록 백성들은 자신의 권리와 이익을 찾으려 했고, 그만큼 소송은 늘어났어요. 격쟁과 상언도 잦아졌지요. 외지부를 필요로 하는 사람이 많아진 거예요. 영조 때 책인 《속대전》에 "송사를 판결하는 관아의 문에 오래 버티고 있으며 사람들을 부추겨 다투어 소송하게 하는 것을 업으로 삼는 자"라는 기록이 있어요. 바로 외지부가 하던 일이지요.

외지부 잡아라!

조선 조정에서는 외지부를 정말 없애고 싶었나 봐요. 외지부가 활동하는 것을 막은 것도 모자라 외지부 일을 하다 걸리면 벌을 줬거든요. 성종 때는 외지부 일을 하다 걸리면 곤장 100대를 맞았어요. 그리고 외지부뿐만 아니라 가족까지 먼 지방으로 쫓겨났지요. 거기에 외지부를 붙잡아 신고한 사람에게는 면포 50필을 상으로 주라는 법령까지 내렸어요. 면포 50필은 강도를 붙잡았을 때 받는 포상과 같았지요. 연산군 때도 외지부 열여섯 명을 먼 지방으로 보내 버렸어요. 또, 외지부를 고발하는 사람에게는 한 명당 면포 50필을 상으로 주되, 알고도 알리지 않은 사람에게는 곤장 100대를 치고 3000리 밖으로 쫓아내라는 엄포를 놓았어요.

조정에서 기별 왔는가?

일찌감치 조선에 신문이 있었으니, 바로 조정의 소식을 전하는 조보예요. 매일 아침 조정의 소식을 조보로 알렸어요. 백성들 사이에서 조보는 기별지로 통했어요. '아무 기별이 없다.', '무슨 기별 없느냐?'라고 할 때의 기별이 바로 기별지에서 온 말이에요. 기별은 소식을 뜻하는데, 조보가 소식을 전해 주었기 때문에 이렇게 부르는 거지요.

그럼 조선에도 신문사가 있었을까요? 조보를 발행하던 곳은 승정원이에요. 승정원은 조선 시대 왕의 비서 기관으로, 요즘으로 치면 대통령 비서실에 해당해요. 왕의 명령을 여러 관청에 전하고, 상소나 나라에서 일어난 소식을 왕에게 전달하는 일을 했어요. 바로 이 승정원이 신문사 역할을 한 거지요. 승정원에서 왕과 조정의 일거수일투족을 기록하는 관리인 주서가 조보에 실어야 할 소식을 뽑았어요. 밖으로 알려지면 안 되는 일들은 제외했어요. 그 뒤 승정원의 관리인 승지가 검토를 마치면 그날 조보는 완성이에요.

　조보에는 왕이 내린 명령, 왕에게 올린 보고서와 상소, 상소에 대한 왕의 답변, 관리의 임명과 이동, 왕이 관리와 백성들을 타이르는 말 등이 실렸어요. 날씨 소식도 빠지지 않았으니, 조선에서 중요하게 여기던 농사를 지을 때 날씨가 큰 영향을 줬기 때문이에요. 자연재해나 기이한 사건들도 적었는데, 관리들이 덕이 부족하거나 정치를 잘못하여 이런 일이 벌어진 것이니 반성하라는 뜻이 숨어 있었어요.

조보의 생김새는 요즘 신문과 달리 낱장이었고, 폭 35센티미터에 길이는 일정하지 않았어요. 제목은 따로 없었고, 첫머리에 날짜를 적은 뒤 사건이 처리된 순서에 따라 적었어요.

세상에 소식을 전하는 기별 서리

승정원에서 조보가 완성되면 기별청으로 가져가 공개했

어요. 이제 기별 서리가 바빠질 차례예요. 기별 서리는 승정원에서 발표한 조보의 내용을 재빠르게 적어 세상에 전달하는 기자였어요. 조정의 따끈따끈한 소식을 매일 같이 전해 주는 것은 기별 서리만의 특별한 임무였지요. 오늘날 나라에 중요한 일이 있을 때 기자들이 몰려와서 소식을 들고 기사를 써서 알리는 것과 비슷해요. 그렇지만 자신의 생각이나 의견을 더해 기사를 쓰는 오늘날의 기자와 다르게 기별 서리는 승정원에서 전하는 말을 그대로 전해야 했어요. 거기다가 조보를 일일이 손으로 베껴서 관리들에게 전해야 했지요. 기별 서리는 조선의 기자이자 속기사였던

거예요. 조정의 소식을 가장 먼저 접하고 각 지방에 전하는 역할인 만큼 기별 서리의 책임이 막중했어요.

 기별 서리는 조보가 나오기 전부터 기별청에서 기다리다 조보가 붙으면 그 내용을 빠르게 베껴 적었어요. 기별 서리가 필사한 조보를 각 관청에 가져가면 필요한 만큼 다

시 베껴 쓰는 과정이 이어졌어요. 조보를 받아 보는 사람이 여럿이기 때문이에요. 이렇게 기별 서리가 적은 것이 신문이 되어 각 관청과 대신들에게 전해졌어요.

  조보는 한자로 쓰여졌는데, 기별 서리는 소식을 빠르게 전하기 위해 글씨를 흘려 쓰고 한자의 소리를 빌려 우리말을 적은 표기법인 이두를 섞어 쓰기도 했어요. 흘려 쓴 글씨를 베껴 쓰는 과정을 거듭하다 보면 내용이 약간 바뀌는 경우도 있었지요. 기별 서리의 독특한 글씨체를 기별체 혹은 조보체라고 했는데, 기별체는 일반 백성들이 알아보기가 힘들었어요. 오늘날 속기사가 쓴 속기체를 알아보기 어려운 것처럼요.

조보는 누가 봤을까?

  기별 서리가 열심히 쓴 조보를 받아 보는 독자는 일부 특권층이었어요. 정승과 판서 같은 고위 관리, 중앙 관청의 책임자, 지방 감사와 절도사, 퇴임한 고위 관리 등이었지요. 그 사람들에게 조보를 배달하는 건 기별 군사의 몫이

었어요. 기별 군사는 조보 뒷면에 받는 사람의 이름, 직책, 동네 이름 등을 적어 배달했어요. 한양의 관청과 관리에게는 그날그날 바로 조보를 전달했고, 지방에는 닷새나 열흘 치의 조보를 모아 봉투에 넣어 배달했어요. 지방 관청에서는 기별 군사를 통해 조보를 받는 것이 무척 중요했어

요. 한양과 궁궐의 소식을 정확하고 빠르게 알 수 있는 통로였으니까요.

조보도 오늘날 신문처럼 구독료가 있었지만, 금액

이 정해져 있지는 않았어요. 높은 관리일수록 더 많은 구독료를 냈지요. 당상관 이상의 고위 관리는 한 달에 4냥, 그보다 낮은 관리는 한 달에 1냥 5전 정도를 냈어요. 조선 후기 때 쌀 1섬(약 144킬로그램)이 5냥이었으니, 4냥은 쌀 100킬로그램 이상의 가치였어요. 요즘 쌀값으로 환산하면 20만 원을 훌쩍 넘어요. 신문 구독료로 내기에는 적은 금액이 아니었지요. 이렇게 받은 구독료로 기별 서리와 기별 군사의 봉급을 줬어요.

조보는 조선 태조 때 계획된 뒤 하루도 거르지 않고 발행되었어요. 심지어 전쟁 중에도 나왔지요. 1894년부터는 '대한제국 관보'라는 이름으로 바뀌어 발행되다가,

1907년 11월 승정원의 일을 이어 하던 비서감이 없어지면서 조보도 함께 사라졌어요. 이후 1948년 9월 1일부터 〈대한민국 관보〉로 그 맥을 잇고 있어요.

세계 최초 활자본 상업 신문?

 기별 서리가 한 자 한 자 적어서 돌리던 조보가 인쇄되어 팔린 적도 있어요. 선조 때 조보를 인쇄해서 관청과 양반에게 돈을 받고 팔 수 있게 해 달라는 상소가 올라왔어요. 의정부와 사헌부의 허락이 떨어져 베껴 쓰던 조보가 인쇄 신문으로 만들어졌지요. 그렇게 탄생한 인쇄 조보는 날개 돋친 듯 팔렸어요. 양반들이 편리하게 여겼다는 기록까지 남은 걸 보면 독자들의 만족도가 꽤 컸음을 알 수 있어요. 그런데 선조가 이를 알게 되면서 난리가 났어요. 인쇄업자 30여 명이 유배되는 벌을 받았고, 조보의 인쇄를 허락한 관리들도 자리에서 물러났어요. 선조는 조정의 정보가 밖으로 새어 나가는 것과 특권층만 읽던 조보가 누구나 읽는 대중 신문이 되는 것을 우려한 거겠지요.

 인쇄 조보는 선조의 불호령으로 3개월 만에 없어지는 슬픈 운명을 맞았으나, 세계 최초의 활자본 상업신문으로 추정돼요. 1638년에 처음으로 활판 인쇄된 중국의 〈저보〉나 세계 최초의 일간 신문으로 알려진 독일의 〈아인콤멘데 차이퉁엔(Einkommende Zeitungen)〉(1650)보다 무려 70년 넘게 앞선 거예요.

수학과 관련된 모든 것은 산원에게!

조선에는 수를 다루는 전문가가 있었으니, 바로 산원이에요. 산원은 나라의 회계 업무를 담당하는 전문직 관리로, 취재라 불리는 시험에 합격한 뒤 호조에 소속되어 일했어요.

산원이 하는 일 중 땅을 재고 조사하는 양전은 백성의 세금을 결정하는 중대한 일이었어요. 세금은 땅의 크기뿐만

아니라 땅의 질과 수확량까지 고려해서 매겨야 했어요. 문제는 백성의 땅이 네모나 세모처럼 반듯한 모양새가 아니었다는 거예요. 구불구불, 삐뚤빼뚤 일정하지 않은 모양의 논밭 크기를 계산하는 것은 수학 전문가가 아니면 어려웠어요. 거기다가 같은 크기라도 땅의 질에 따라 수확량이 달랐지요. 또 논밭에서 기르는 농작물도 가지각색이었어요. 조선에서는 세금을 쌀이나 면포로 받아서, 산원들은 백성이 수확한 농작물을 쌀과 면포로 고쳐서 계산해야 했어요.

그 밖에도 산원은 군대의 식량에 맞는 군인 수를 계산하는 일, 궁궐 행사에 필요한 돈을 계산하는 일, 해와 달의 움직임과 절기 변화를 계산해 달력을 정비하는 일, 악기의 크기를 조정해 음을 맞추는 일, 성벽을 고치거나 더 늘리는 일 등 수학이 필요한 곳이면 어디든 달려갔어요. 요즘에야 여러 분야에서 다양한 직업을 가진 사람들이 수학과 관련된 일을 나눠서 하지만, 조선의 산원은 회계사도 되었다가, 천문학자도 되었다가, 건축가도 되었다가, 조세 전문가도 되고, 심지어 수학 문제 그 자체를 잘 풀어내는 수학자도 되었던 거예요.

산원 집안에서 산원 난다!

산원은 이렇게 다양한 일을 했기 때문에 측량법, 도량형 환산법, 제곱근, 방정식에 이르기까지 수학 지식을 두루 갖춰야 했어요. 조선에는 수학책이 없어 《오조산경》, 《상명산법》, 《양휘산법》, 《산학계몽》 같은 중국의 수학책으로 공부하고 시험도 치렀지요. 산원들이 열심히 수학을 연구한 덕분에 곧이어 조선에서도 수학책이 만들어졌어요.

어려서부터 어려운 수학책을 보고 공부해야 산원이 될 수 있었으니 산원 집안에서 산원이 나는 것은 자연스러운 일이었어요. 할아버지, 아버지, 아들, 손자가 모두 산원인 경우가 흔했지요. 거기다가 산원 집안끼리는 서로 결혼으로 인연을 맺어 수학에 대한 정보를 공유했어요. 아버지에 이어 산원이 된 비율은 40.4퍼센트였고, 산원에 합격한 집안끼리 결혼한 비율은 43.8퍼센트에 이르렀어요. 몇 개의

가문이 조선의 수학을 장악했다고 할 수 있지요. 조선 최고의 수학자로 손꼽히는 홍정하 역시 할아버지와 외할아버지, 형이 모두 산원이었어요.

조선 최고의 수학자 홍정하

홍정하는 숙종 때의 수학자예요. 자연스럽게 수학을 접할 수 있는 환경에서 자란 홍정하는 열심히 수학을 연구했어요. 이전에 나온 조선의 수학책을 보완하고, 중국의 수학책을 분석한 내용을 담아 《구일집》이라는 수학책을 쓰기도 했지요.

《구일집》에는 홍정하가 청나라 수학자 하국주와 수학 문제를 주고받은 내용이 나와요. 수학에 대한 자부심이 대단했던 하국주는 홍정하에게 방정식에 관한 문제를 내요. 홍정하는 그 문제를 쉽게 풀어 버린 뒤, 하국주에게 대응하는 문제를 냈지요. 그 문제는 3차 방정식을 활용해야 풀 수 있는 어려운 문제였어요. 끝내 그 문제를 풀지 못한 하국주는 홍정하와 조선 수학을 인정하고, 홍정하와 계속 수학에 관한 교류를 이어 나갔다고 해요.

인기는 없지만 전문가라는 자부심으로

어렸을 때부터 수학을 익혀서 수학을 잘했던 양반들은 수학과 관련된 벼슬은 하고 싶어 하지 않았어요. 수를 다루는 일은 어렵고 골치 아픈 일이라고 여겼던 거지요. 다들 산원을 기피하는 바람에 세종 때는 각 관청의 하급 관

조선의 수학과
조세는 내가 책임진다!

리인 아전들이 돌아가면서 회계를 맡는 상황까지 벌어졌어요. 성종 때는 산원을 아예 양반에서 제외하면서 산원은 더욱 인기가 없어졌지요. 양반들은 기술을 다루는 산원을 하급 관리 정도로 여겼고, 양반과 차별을 두는 것이 마땅하다고 여겼어요.

양반에게는 산원이 별 볼 일 없는 존재였지만, 일반 백성에게는 힘 있고 두려운 존재였어요. 산원이 세금을 결정했기 때문이에요. 더러 뇌물 앞에서 원칙을 저버리는 산원도 있었어요. 그러나 순수하게 수학을 연구하며 어렵고 복잡한 조세 업무를 묵묵히 감당한 산원들이 있었기에 조선의 살림이 유지될 수 있었지요. 산원은 조선의 공인 회계사이자 수학자로서 그 누구도 대신할 수 없는 전문가였어요.

신분: 중인
하는 일: 중국, 일본 등과 외교를 맺을때 외국어를 통역.
특징: 인삼을 팔아 큰돈을 벌어들임.
오늘날 직업: 동시 통역가, 외교관

외교에 꼭 필요한 사람

　예나 지금이나 외교는 나라의 이익과 안전을 위해 중요해요. 조선은 사대교린을 외교 정책으로 삼았어요. 사대란 크고 강한 나라를 받들어 섬긴다는 말이고, 교린은 대등한 이웃 나라와 사귄다는 뜻이에요. 조선의 외교는 중국과는 사대를, 일본과 여진 같은 나라와는 교린을 원칙으로 했어요. 이를 위해 중국과 일본에 사신을 보내 교류했지요. 이때 꼭 필요한 것이 통역이었어요. 외국인과 의견을 나누고 협상하려면 외국어에 능통한 통역사가 필요했지요.

　조선에서는 외국어를 통역하는 관리를 두었으니, 바로 역관이에요. 역관은 외국에서 사신이 오면 통역하고 접대하는 일을 맡았어요. 조선의 사신이 외국에 나갈 때도 함께 가서 통역하고, 외교를 펼치는 데 필요한 온갖 일을 도왔어요. 조선의 동시 통역사이자 외교관이었던 거지요. 역관은 외국어 실력뿐만 아니라 외교 현장에서 지혜롭게 대처하는 능력이 중요했어요. 역관의 통역 한마디가 외교의 성공과 실패를 가를 수 있기 때문이에요.

재치 있는 통역으로 나라를 살리다

선조 때 조선에 중국 사신이 온 적이 있어요. 선조가 "짐보다 벼슬은 낮지만 서열은 높으니 먼저 앉으라."라고 사신에게 말하자 사신의 얼굴에 노여운 빛이 가득했어요. 이때 역관 표헌이 "사신은 벼슬이 낮더라도 제후보다 위이고, 더군다나 귀한 분이 아닙니까? 먼저 앉으시지요."라고 덧붙여 중국어로 통역했어요. 그러자 사신의 표정이 부드럽게 풀어졌지요. 선조는 위기 상황을 재치 있게 풀어 준 표헌의 통역을 칭찬하며 벼슬을 높여 주었어요.

선조의 통역을 맡았던 표헌은 역관 중에서도 어전 통사였어요. 어전 통사는 왕 앞에서 통역하는 역관으로, 요즘으로 치면 대통령의 동시 통역사에 해당해요. 그 뒤에도 표헌은 중국 사신이 올 때마다 능숙한 통역으로 분위기를 부드럽게 이끌었어요.

역관을 길러 내는 사역원

역관은 어디서 외국어를 배웠을까요? 조선에는 통역과 번역을 맡아보던 국가 기관인 사역원이 있었어요. 요즘에야 외국어에 능통한 사람을 통역사나 외교관으로 뽑지만, 조선에서는 사역원에서 어린 학생을 뽑아 역관으로 길러

냈어요. 사역원에 입학하는 학생은 열다섯 살보다 어렸는데, 학생을 뽑을 때 지원자의 능력은 물론 가문까지 심사했기 때문에 역관 집안의 자녀가 유리할 수밖에 없었어요.

사역원에 입학하면 중국어, 몽골어, 일본어, 여진어 등을

공부했어요. 전공을 정해 익혔는데, 주로 중국어와 몽골어를 배웠지요. 그럼 누가 외국어를 가르쳤을까요? 사역원 교수 중에는 외국 출신의 귀화인이 있었어요. 조선 최초의 사역원 교수는 중국 위구르 출신의 설장수라는 사람이기도 했지요. 외국어를 잘 가르치기 위해 돈을 후하게 주어

교수로 뽑은 거예요.

사역원은 외국어 전문학교지만 다른 교양 수업도 소홀히 하지 않았어요. 조선의 관리로서 외국인과 교류하려면 기본 교양을 갖춰야 했기 때문이에요. 그래서 외국어와 함께 유교 경전인 《사서》, 《소학》도 가르쳤어요. 이렇게 3년 동안 교육을 받고 시험에 통과하면 사역원 소속의 역관이 되었어요.

동시통역이 가능한 역관으로 일하려면 끊임없는 연습이 필요했어요. 이에 세종은 사역원에서는 중국어만 쓰게 하고, 어기면 횟수에 따라 매질하라는 명을 내렸어요. 이를 피하려고 사역원에 빠지는 역관이 늘자, 빠진 횟수를 따져 처벌하기도 했어요. 조선 때도 외국어 공부는 참 쉽지 않았던 거예요.

모든 역관의 꿈, 통사

조선 시대에 외국에 나갈 기회를 얻는 사람은 무척 드물었어요. 역관은 그 몇 안 되는 사람에 속했지요. 조선은 정기적으로 외국에 사신을 보내 외교를 맺었는데, 이를 사행이라고 했어요. 중국으로 가는 사신단은 연행사, 일본으로 가는 사신단은 통신사라고 했어요. 한 번에 몇백 명의 사람이 움직이는 큰 행사였지요. 이때 반드시 역관이 함께 가서 통역을 하고 여러 가지 일을 했어요. 그렇지만 역관이라고 누구나 외국에 나갈 수 있는 건 아니었어요. 사역원에 속한 역관은 600명이 넘는데, 외국 사행에 나갈 기회를 얻는 역관은 70여 명에 불과했거든요. 사정이 이러하니 중국이나 일본 사행에 한 번이라도 끼는 것이 모든 역관의 바람이었어요.

역관 중에서 중국과 일본 사행에 뽑힌 사람을 통사라고 했어요. 통사는 단순히 언어를 통역하는 역할에 그치지 않고 일을 서로 통하게 한다는 의미를 담고 있지요. 외국에 나가는 통사는 외국인과 직접 대화하며 교류했기 때문에 조선의 문화를 전하고 외국 문물을 조선에 들여오는 문화의 통로가 되었어요. 사신으로 가는 높은 관리들은 외교 문서를 주고받는 일만 하고, 그 외에 모든 일은 통사들의

몫이었지요. 사신과 함께 외국인을 접대하는 것은 물론이고, 외국과 교역할 때 세금을 거두는 일을 맡기도 했어요. 통사는 외국어와 더불어 다양한 지식과 감각을 두루 갖춘 외교 전문가였던 거예요.

역관으로 나가 무역으로 돈을 벌다

많은 활약에도 역관은 중인 신분이었기에 양반에게 무시를 당했어요. 외교 성과가 좋으면 사신으로 간 관리들의 공으로 돌아가고, 외교 성과가 나쁘면 통사 탓으로 돌려 곤장을 맞거나 옥에 갇히는 일도 있었어요. 어렵사리 외국

 사행에 가게 되어도 문제였어요. 통사에게 사행길에 필요한 경비나 일한 것에 대한 보수를 주지 않았거든요. 대신 통사에게 주는 특권이 있었으니, 바로 인삼을 팔 수 있는 권리였어요. 통사 한 명에게 허락된 양은 인삼 여덟 자루였는데, 이것을 팔포제라고 했어요. 자루 여덟 개에는 인삼 80근이 들어갔지요. 당시 인삼 한 근이 은으로 25냥이었으니, 인삼 80근이면 은 2000냥에 달했어요. 이 돈이면 쌀을 2000섬이나 살 수 있었지요.

 인삼은 중국과 일본에서 만병통치약으로 통하는 최고의 인기 품목으로, 고려 때부터 이미 명성이 자자했어요. 역

관들은 중국이나 일본으로 가져간 인삼을 비싼 값에 팔고, 그렇게 번 돈으로 양반들이 좋아할 만한 책, 모자, 비단 등을 들여와 이익을 남겨 팔았어요. 특히 중국의 비단은 양반은 물론 시골 부녀자까지 필수 혼수품으로 여길 정도로

인기가 좋았어요. 또 중국에서 비단을 짜는 고급 실인 백사를 사들여 일본에 되파는 중계 무역으로 큰돈을 벌기도 했어요. 두 배 넘게 이익을 남기고 팔 수 있었거든요. 위험을 무릅쓰고 거래가 금지된 중국의 지도나 화약, 무기의 재료가 되는 물소 뿔과 화포 따위를 들여오는 역관도 있었어요. 더러는 가져간 인삼을 헐값에 넘기고 돌아오는 역관도 있었지요. 사행단이 중국에 머무르는 동안 인삼을 다 팔아야 하는데, 노련한 중국 상인들이 이 점을 악용해 인삼 거래를 계속 미뤄 돌아갈 날에 헐값에 넘기게 한 거예요. 그렇지만 장사에 성공한 역관들은 큰 부자가 되어 역관의 대를 이어 갔어요. 밀양 변씨, 인동 장씨, 천녕 현씨, 해주 오씨가 조선의 갑부가 된 역관 집안이에요.

사건 해결의 열쇠는 오작인의 손에!

 사람이 죽었는데 원인이 분명하지 않을 때는 부검을 해요. 부검은 법의학자가 시신을 조사 혹은 해부해서 죽음의 원인을 밝히는 일이에요. 조선 시대에도 부검이 있었을까요? 그때도 죽음의 원인이 명확하지 않으면 검시를 했어요. 검시란 시체를 조사하는 일이에요. 조선 때는 유교의 영향으로 부모가 물려준 몸을 훼손하는 것을 불효로 여겼어요. 시신에 칼을 대거나 훼손하는 것도 금기로 여겨서 오늘날 부검하는 것처럼 시신을 해부하지는 않았어요. 그러나 나름의 과학적인 방법으로 검시를 진행하는 전문가가 있었으니, 바로 오작인이에요. 오작인은 관아에 소속되어 살인 사건을 조사할 때 시체를 수습하던 일을 하던 사람이에요. 또한, 시체에서 사건의 실마리를 찾아내는 검시 전문가로, 오늘날 법의학자의 역할을 담당했어요.

 조선에서 살인 사건이 일어나면 수사대가 꾸려졌어요. 형조 소속 관원, 법률 담당 율관, 의관, 문서를 기록하는 서리, 그리고 오작인이 한 팀이었지요. 지방에서는 고을 사

또가 수사 지휘관이 되었어요. 시체를 만지는 일은 험하고 천대받는 일인 데다 시체에 남은 흔적을 분석하는 것은 전문 지식이 있어야 가능했기에 아무나 할 수 없었어요. 그래서 검시는 오작인의 몫이었지요. 사건 해결을 맡은 관리들은 시체를 보는 일조차 꺼렸기에 오작인의 의견이 사건 해결에 결정적인 열쇠가 되었어요. 반대로 오작인이 검시를 잘못하거나 거짓 의견을 내면 사건을 엉뚱한 방향으로 끌고 가기도 했지요. 그만큼 오작인의 역할이 중요했어요.

독을 밝혀내는 은비녀

오늘날 법의학자는 부검할 때 시체를 해부하거나 유전자 검사, 독극물 검사와 같은 여러 방법을 써요. 하지만 해부를 할 수 없던 조선에서는 시신을 아주 꼼꼼히 살피고 또 살피는 수밖에 없었어요. 검시할 때 오작인은 시체에 남아 있는 색깔과 상처 따위를 꼼꼼하게 살펴보고 때로는 만져 보기도 했어요. 이때 직관이나 느낌이 아닌 객관적인 증거가 되는 도구나 방법을 사용했지요.

오작인이 검시할 때 활용한 도구나 재료를 법물이라고 해요. 법물 중 가장 널리 쓰인 것은 순도 100퍼센트의 은비녀였어요. 강력한 독성을 가진 비소와 황의 화합물인 비상은 구하기가 쉬워 조선 시대에 사람을 죽일 때 흔히 쓰였어요. 비상을 먹고 죽은 사람의 목구멍에 은비녀를 넣으면 검게 변하는데, 은이 비상에 들어 있는 황과 만나면 검게 변하는 성질이 있기 때문이에요. 간혹 여인들이 쓰는 은비녀 중에는 동을 섞어 만든 것도 있어 중독을 정확하게 잡아내기 위해서는 관아에 마련된 검시 전용 은비녀를 써야 했어요. 그러나 은비녀는 은과 반응하지 않는 성분의 독은 밝혀낼 수가 없어 완벽한 법물이 되지는 못했어요. 중독을 가려내는 또 다른 법물은 찰밥이었어요. 시체 입속에 찰밥을 넣어 둔 뒤 한참 뒤에 꺼내 닭에게 먹이는 방법이에요. 찰밥을 먹은 닭의 반응을 보고 시체에 독극물이 있었는지를 가려냈어요.

  범인이 살인을 저지른 뒤 핏자국을 지워 사건을 감추는 경우, 오늘날에는 루미놀이란 질소 화합물을 써서 사라진 핏자국을 찾아내요. 조선에도 이와 비슷한 수사 기법이 있었어요. 범인이 쓴 것으로 보이는 칼을 숯불로 뜨겁게 달군 뒤 그 위에 식초를 부으면 핏자국이 선명하게 드러났어요. 피의 단백질 성분이 식초의 산과 만나면 딱딱하게 굳어지는 성질을 이용한 거예요. 조선 시대에 루미놀에 버금가는 화학적인 수사법을 썼다는 점이 놀라워요. 그 밖에 술을 거르고 남은 술지게미, 식초, 파의 흰 부분, 소금, 매실 등이 증거를 찾아내는 법물로 쓰였어요. 이렇듯 오작인은 법의학 지식과 현장 경험을 토대로 과학 수사를 펼치는 중

요한 일꾼이었어요.

검시는 정확한 기록이 핵심

검시를 할 때는 정확한 기록을 남기는 것이 무척 중요했어요. 주로 두 번 진행하는 검시가 끝난 뒤에도 수사는 계속되어야 하기 때문이에요. 시체의 상태, 색깔 등을 문서로 정리한 것을 시장, 시체의 상처 등을 인체 그림 위에 표시해서 남긴 것을 시형도라고 했어요. 시장과 시형도를 여러 번 들여다보며 사건을 해결했기 때문에 정확하게 기록하는 것이 무척 중요했어요. 기록을 남길 때 길이를 재는 자는 관아에서 정한 관척을 사용하고, 시간은 밤, 낮과 같은 불분명한 표현이 아닌 밤 열한 시부터 오전 한 시까지를 뜻하는 자시, 오전 한 시부터 세 시까지를 뜻하는 축시처럼 정확히 적게 했어요. 다시 수사를 하더라도 객관적으로 수

사할 수 있게 수치와 시간을 정확하게 남긴 거예요. 수사 지휘관은 수사가 끝나면 시장과 시형도를 토대로 검안이라는 사건 보고서를 만들었어요. 조선 시대에 작성된 수백 개의 검안이 오늘날까지 전해지고 있어 당시의 수사 과정은 물론 조선의 사회상을 들여다볼 수 있어요.

억울한 백성이 없게 한다

검시를 담당하는 오작인과 검시 결과를 토대로 수사를 펼치는 수사관 모두에게 중요한 길잡이가 되는 교과서가 있으니, 바로 법의학서인 《무원록》이에요. 《무원록》이란 제목은 '억울한 백성이 없게 한다'라는 뜻이에요. 중국의 왕여가 지은 책으로, 시체를 검사하는 방법과 검시 때 지켜야 할 사항이 자세히 소개되어 있어 중국은 물론이고 조선, 일본 등에서 법의학 지침서로 널리 활용되었어요.

세종 때는 《무원록》을 풀이한 《신주무원록》이 만들어져 검시 때 활용되기 시작했어요. 그런데 《신주무원록》도 이해하기 어려운 부분이 많고, 우리나라에 맞지 않는 점도 많았어요. 그래서 영조 때 《증수무원록》을 만들기 시작해 정조 때 완성했지요. 이 책은 조선의 법의학 지침서로 활용되었답니다.

사진으로 만나는 조선의 전문가

《행려풍속도병》 중 〈거리의 판결〉
조선의 화가 김홍도가 길거리에서 판결이 이뤄지는 모습을 담은 그림이에요. 이 그림 속에 외지부가 있을까요?

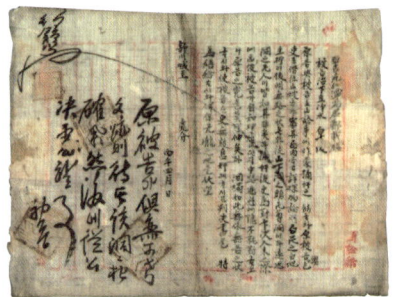

소지
백성들이 재판을 신청하면서 적은 글이에요. 어쩌면 외지부가 대신 적어 줬을지도 몰라요.

조보
기별 서리가 일일이 손으로 베껴서 전한 조보의 모습이에요.

산가지
산원들이 숫자를 계산할 때 쓰던 막대예요. 오늘날의 계산기와 같지요.

〈조선 통신사 행렬도〉
1636년 제4차 통신사 일행이 일본 에도(오늘날 도쿄)로 들어가는 모습을 그린 그림이에요. 통사로 뽑힌 역관도 일행 중 한 명이었지요.

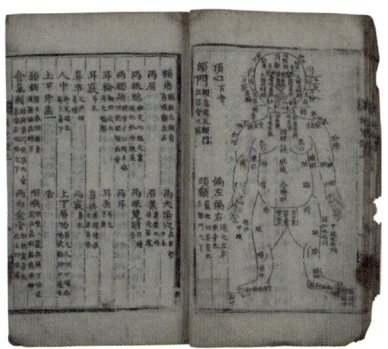

《신주무원록》
오작인들이 시체를 조사할 때 참고한 책이에요. 중국의 법의학서 《무원록》을 우리나라에 맞게 보완한 책이지요.

뼈를 묻어 주는 승려

조선에서 전쟁과 기근, 역병이 일어나면 시체가 길에 나뒹구는 상황이 벌어지곤 했어요. 시체를 처리하는 일은 땅에 묻거나 화장하는 장례 절차까지 해야 해서 간단한 일이 아니었지요. 이에 길거리에 버려진 시신을 처리하는 일을 하는 사람이 있었으니, 바로 매골승이에요. 매골승이란 '뼈를 묻어 주는 승려'라는 뜻이에요.

조선의 승려는 역할이 다양했어요. 절에 머물며 종교 활동을 하는 승려도 있었지만, 전쟁이 나면 군인으로 불려 가기도 하고, 토목 공사의 일꾼으로 동원되어 궁궐을 짓거나 기와를 굽기도 했어요. 아픈 사람을 치료하거나 천문과 풍수를 읽는 승려도 있었지요. 매골승 역시 승려가 담당한 역할 중 하나였어요. 매골승은 길거리에 내버려진 시신을 수습해 화장하거나 땅에 묻어 주고 죽은 이의 명복을 빌어 주었어요. 오늘날 장의사가 하는 역할을 겸한 종교인이었어요.

매골승은 조선 이전부터 있었어요. 고려의 매골승은 길

거리의 시신을 수습하는 일뿐만 아니라 사람이 죽은 집에 가서 장례를 치러 주고 풍수에 따라 묫자리를 봐주는 일을 했지요.

죽은 시신을 만지고 처리하는 것을 사람들이 꺼렸기에 매골승은 승려 중에서도 출신이 낮은 사람이 맡았어요. 고려 말기 공민왕의 개혁을 돕다가 반역을 꾀해 죽임 당한 신돈도 매골승 출신이었는데, 절의 여종에게서 태어난 천민이었어요.

매골승은 공무원

 조선의 매골승은 활인원에 소속된 국가 공무원으로 활동했어요. 활인원은 '사람을 살리는 곳'이라는 뜻으로, 일반 백성들을 위한 국립 의료 기관이었어요. 오늘날 병원은 환자가 찾아오면 치료를 해 주는 일만 하지만, 활인원은 환자의 치료는 물론 의지할 곳 없는 환자를 받아 주고, 환자가 죽으면 땅에 묻어 주는 일까지 맡았어요. 활인원에서 죽은 환자가 아니더라도 버려진 시신이 있으면 수습해 화장하거나 땅에 묻어 주었어요. 그 일을 매골승이 담당했지요. 흉년이나 전염병, 전쟁과 같은 비상시에는 방치되는 시신이 많아 매골승의 수를 늘리기도 했어요. 세종 때 가뭄으로 굶어 죽는 사람이 많아지자 열 명이던 매골승을 스무 명까지 늘린 일이 있어요.

 이렇게 험하고 고된 일을 하는 매골승의 월급은 얼마나 될까요? 《세종실록》에 따르면 매골승에게 월급으로 곡식과 소금, 장을 주고, 봄과 가을에 면포 1필씩을 주라고 되어 있어요. 또 활인원 관원이 매골승의 업무 태도를 살펴 매

년 한 명씩 매골 작업을 가장 많이 한 사람을 뽑아 관직을 주라고 되어 있지요. 근무 성과에 따라 승진의 기회가 있었던 거예요. 승려들은 승려가 치르는 과거 시험인 승과를 치러서 합격하면 높은 단계의 승려가 됐는데, 매골승도 업무 성과가 좋으면 더 높은 단계의 승려로 올라갈 수 있었어요. 고려 때는 매골승을 천하게 여겼던 반면 세종 때는 매골승이 사회에 꼭 필요한 사람이라고 인정해 주고 적절한 보상을 해 주었음을 알 수 있어요.

위기 때마다 긴급 출동!

매골승은 나라에 어려움이 닥칠 때마다 맨 앞에서 고통에 맞서야 했어요. 선조 때 임진왜란으로 조선 땅이 쑥대밭이 되고, 많은 백성이 목숨을 잃으면서 매골승의 일은 엄청나게 늘어났어요. 이에 선조는 매골승을 뽑아 시신을 처리하고, 업무 성과가 좋은 매골승에게는 상을 내리라고 했어요. 전쟁의 참혹한 상황을 매골승이 수습한 것이지요.

자연재해의 위기 속에서도 매골승의 활약은 계속되었

요. 현종 때인 1670~1671년, 가뭄과 홍수, 냉해, 지진, 태풍 같은 자연재해가 이어지면서 기근과 역병이 걷잡을 수 없이 퍼졌어요. 역대 최악의 자연재해로 기억되는 '경신 대기근'이에요. 《현종실록》에는 "목숨을 잃는 재앙이 전쟁보다 심하여 100만 명의 목숨이 구렁텅이에 빠졌다."라고 기록되어 있어요. 이런 끔찍한 상황을 앞장서서 수습한 사람이 바로 매골승이에요. 이때는 매골승의 손만으로 100만 명의 사망자를 감당하기에는 역부족인지라, 매골승이 아닌 승려 200명까지 동원되었어요.

  길에 버려진 수많은 시신을 처리하는 일은 나라와 백성이 다시 일어서기 위해 누군가 꼭 해야 할 일이었어요. 매골승은 위기 때마다 시신을 처리하는 장의사인 동시에 죽은 사람의 마지막을 위로하고 명복을 빌어 주는 종교인으로 활약했어요.

엄청난 자연재해, 경신 대기근

1670년부터 1671년, 조선에는 엄청난 자연재해가 덮쳤어요. 이 2년 동안 예측할 수 없는 일들이 계속 일어났어요. 씨를 뿌려야 하는 봄에 가뭄이 이어져 모내기를 할 수 없었고, 우박이 떨어지고 서리가 내려 심은 농작물마저 얼어 죽었어요. 드디어 비가 내리나 싶더니만, 비가 끊임없이 내려 들판이 시내로 변해 버렸지요. 거기에 태풍까지 찾아와 더 피해가 컸어요. 그리고 중간중간 전국 곳곳에서 지진이 일어나 땅이 흔들렸지요. 메뚜기 떼가 나타나 농작물을 휩쓸고 가기도 했어요. 겨울은 또 지독히 추워서 얼어 죽는 사람이 많았어요. 이런 상황이 이어지자 먹을 것이 없어 굶어 죽는 사람이 늘어났고, 전염병까지 번지고 말았어요. 이 사건을 경술년인 1670년과 신해년인 1671년에 일어났다고 해서 '경신 대기근'이라고 불러요. 2년간 이어진 경신 대기근으로 백성 5분의 1이 목숨을 잃었다고 해요.

그런데 이때 이상한 일은 조선뿐만 아니라 전 세계에서 일어났어요. 영국에서는 템스강이 얼어붙고, 에티오피아에서는 1년 내내 눈이 녹지 않았어요. 온화한 기후인 중국의 강남 지방에도 매서운 추위가 찾아와 감귤 농장의 씨앗이 끊겼지요. 이렇게 전 세계적으로 이상 기후가 일어난 이유는 지구에 태양열이 적게 닿으면서 지구 온도가 1도 낮아졌기 때문으로 추측돼요. 이 시기를 소빙하기라고 하지요.

한양에 똥 냄새가 가득해!

조선 후기로 갈수록 한양의 인구는 빠르게 늘어났어요. 조선 초기에는 10만 명이던 인구가 18~19세기에 이르면 40만 명이 넘었어요. 먹고살기 위해 한양으로 온 사람은 많은데, 사람들이 내보내는 똥오줌을 처리할 시설이 제대로 갖춰져 있지 않아서 똥오줌을 길거리나 하천에 싸거나 버리는 것이 한양의 일상이었지요. 청계천에는 똥이 둥둥 떠다녔고, 비가 내리면 똥물이 여기저기로 흘러가곤 했어요. 그 결과 한양의 위생 상태는 말이 아니었지요. 조선의 실학자 박제가는 한양의 물맛이 짠 것은 사람들이 냇가나 길에 똥오줌을 함부로 버리기 때문이라고 했어요. 실학자 박지원도 한양 사람들이 함부로 똥을 하천에 버려서 장마철에 물이 넘치면 똥물이 거리 곳곳으로 번진다고 했어요. 조선에는 하수 시설이 없었기 때문에 하천의 물이 넘치기라도 하면 똥물은 백성들이 사는 집이나 심지어 궁궐까지도 덮치곤 했어요. 한양은 그야말로 똥 냄새로 가득했지요. 하천이나 길에 버려진 똥오줌을 그냥 내버려 두면 자연히 먹는 물이 오염되니 사람들의 건강도 위협했어요.

  한양 밖에서는 똥오줌을 거름으로 만들어 농사에 쓰거나 화장실 아래를 돼지우리로 만들어 처리했어요. 사람들이 화장실에서 똥을 싸면 아래에 있는 똥돼지가 그것을 받아먹고 자란 거예요. 그러나 한양 안에서는 농사를 짓지 못했기 때문에 똥오줌을 거름으로 만들 수 없었어요. 그래서 똥오줌을 처리하는 것이 큰 고민거리였어요. 길에 널려 있는 똥오줌도 문제거니와 화장실에 모인 똥오줌을 처리하는 것도 고역이었어요.

모든 똥은 똥장수에게

이런 필요 속에서 생겨난 직업이 있었으니, 바로 똥장수예요. 똥장수는 사람 똥, 동물 똥 가리지 않고 온갖 똥을 거두어 가는 분뇨 처리 업자였어요.

실학자 박지원이 지은 소설 《예덕선생전》은 바로 똥장수를 주인공으로 그린 작품이에요. 소설에서 지식인 선귤자는 타고난 것에 만족하며 즐겁게 살아가는 똥장수 엄행수의 삶의 태도에서 가르침을 얻고, 엄행수에게 '예덕 선생'

이란 호를 붙여 마치 스승 대하듯 했어요. 예덕 선생의 예는 '더러울 예(穢)' 자인데, 더러운 똥을 다루는 천한 일을 하지만, 자기 일에 만족하며 욕심내지 않는 엄행수의 덕을 높이 평가한다는 의미를 담고 있어요.

박지원이 소설에서 묘사한 똥장수 엄행수의 삶은 곧 조선 똥장수에 대한 소개나 다름없어요. 똥장수의 하루 일과, 다루던 똥의 종류, 거래처에 이르기까지 아주 상세하게 담고 있거든요.

똥장수 엄행수는 아침 일찍부터 삼태기를 지고 마을 곳곳의 뒷간, 외양간, 닭장을 가리지 않고 돌아다니며 온갖 똥을 모아요. 사람 똥부터 소똥, 닭똥, 개똥, 말똥, 토끼똥에 이르기까지 똥이란 똥은 죄다 긁어모았지요. 대체 왜 엄행수는 더러운 똥을 모았을까요? 거름이 필요한 농삿집에 돈을 받고 팔기 위해서예요. 엄행수의 똥은 그때 한양 밖이었던 지역으로 옮겨졌어요. 왕십리의 무와 뚝섬의 순무, 서대문의 가지와 오이, 수박, 호박, 연희궁의 고추와 마늘, 청파의 미나리와 이태원의 토란 들을 심을 땅에 거름으로 쓰였지요. 엄행수의 똥을 가져다 써야 땅이 비옥해져서 농작물을 많이 수확할 수 있었어요. 《예덕선생전》에 나온 것처럼 냄새나는 똥을 거두어 주고, 거름에 쓸 똥을 가져다 주는 똥장수는 백성 모두에게 꼭 필요한 존재였어요.

왜 똥장수가 주인공일까?

 소설의 주인공 중에는 영웅처럼 뛰어난 재주를 가지거나 왕처럼 좋은 핏줄을 타고난 사람이 많아요. 그런데 《예덕선생전》의 주인공 엄행수는 뛰어난 재주를 가지지도, 좋은 핏줄을 타고나지도 않은 평범한 백성이에요. 오히려 신분이 천한 쪽에 속했지요. 그래서 선귤자의 제자인 자목은 자신의 스승이 양반과 어울리지 않고 똥장수인 엄행수와 어울리는 것을 부끄러워해요. 선귤자는 그런 자목에게 사람을 사귈 때는 얻을 것을 계산하거나 잘 보이려 하는 것이 아니라 서로 마음을 나눠야 한다고 알려 주지요.
 박지원은 이 소설에서 신분이 낮고 하는 일이 천하더라도 자신의 일을 성실하게 해내며 욕심 없는 삶을 살아가는 사람의 모습을 보여 주었어요. 그러면서 양반이라는 이름만 가지고 게으르며 욕심만 일삼는 지식인들을 비판했어요. 신분 사회인 조선의 현실을 풍자하며 진정한 선비의 의미를 일깨우려 한 거지요.

똥장수의 놀라운 반전은 수입

사람에게도 땅에도 이롭다고는 하나, 냄새나고 더러운 똥을 모으는 일은 아무나 할 수 있는 일이 아니었어요. 엄 행수의 성실함을 높이 평가한 이유가 바로 그것이겠지요. 그럼 똥장수로 벌어들이는 수입은 어느 정도였을까요? 《예덕선생전》에 똥장수의 수입이 구체적으로 나오는데, "수입이 1년에 6000전이나 된다."라고 되어 있어요. 10전이 1냥이니까, 6000전은 무려 600냥이지요.

조선 후기 실학자 황윤석이 쓴 《이재난고》에 따르면 머슴의 한 달 월급은 7냥 정도였고, 양반이 입는 고급 솜옷은 4냥, 평민이 입는 솜옷은 2냥에 거래되었다고 해요. 똥장수의 1년 수입을 머슴의 1년 수입과 비교하면 일곱 배가 넘었던 거예요. 600냥이면 120섬(약 1만 7280킬로그램)의 쌀을 살 수 있었고, 한양에 좋은 기와집을 살 수 있었어요. 더럽고 천하게 여긴 똥장수가 그토록 높은 소득을 올렸다는 점이 놀라워요.

엄행수가 예덕 선생이란 호를 얻기까지 고약한 냄새와

사람들의 홀대를 견딜 수 있었던 것은 충분한 경제적인 보상이 뒤따랐기 때문이 아닐까요?

호랑이가 우글대던 조선

　우리나라 옛이야기에는 호랑이가 자주 등장해요. 곶감이 무서워 도망쳤다는 호랑이, 산 넘는 떡장수 아줌마를 잡아먹은 호랑이, 팥죽 할멈에게 호되게 당하는 호랑이 등 산에도 백성들이 사는 집에도 자주 나타나지요. 옛이야기니까 가능한 거라고요?

　조선에는 호랑이가 많았어요. 기록에도 꽤 자주 등장하는데, 《조선왕조실록》만 보더라도 호랑이가 나타났다는 기록이 350번, 표범은 51번이나 돼요. 산은 물론이고 백성들이 사는 집이나 심지어 궁궐에까지 호랑이가 나타났어요. 태종 때 호랑이가 경복궁 근정전 뜰에 발자국을 남겼다는 기록으로 보아, 왕

《조선왕조실록》에 350번 등장!

이 일을 하는 동안에도 그 앞을 어슬렁거렸음을 알 수 있어요. 세조 때 창덕궁 후원에 호랑이가 나타나는가 하면, 선조 때는 창덕궁 안에서 어미 호랑이가 새끼를 낳는 일까지

벌어졌어요. 정조 때는 궁궐 밖을 지키던 사람이 호랑이에게 물려 죽는 끔찍한 사고가 발생했지요.

영조 10년 여름과 가을에는 호랑이 때문에 죽은 사람이

140명에 달했어요. 산을 경작지로 만들면서 살 곳을 잃은 호랑이가 마을로 내려와 가축뿐만 아니라 사람까지 물어 죽이는 일이 끊이지 않은 거예요. 오죽하면 '호환'이란 말이

다 생겼을까요. 호환은 호랑이에게 당하는 화를 말해요. 천연두를 뜻하는 마마와 더불어 조선 사람들에게 공포의 대상이었지요. 이렇게 호환은 조선의 큰 골칫거리였어요.

호랑이 잡으러 가자!

조정에서 호랑이 잡는 군인을 뽑았으니, 바로 착호갑사예요. 착호는 호랑이를 잡는다는 뜻이고, 갑사는 시험을 거쳐 뽑는 직업 군인을 말해요. 말 그대로 '호랑이를 잡는 직업 군인'이라는 뜻이지요. 호랑이가 오랑캐 못지않게 백성에게 피해를 주고, 궁궐에까지 나타나 왕의 안전을 위협하니, 왕과 백성, 나라를 위해 하루라도 빨리

호랑이를 잡으려고 뽑은 거예요.

　착호갑사는 조선 초기부터 있었어요. 이때는 어떤 지역에 호랑이가 나타나면 왕을 지키는 일을 하던 갑사가 그 지역의 군사와 말을 가지고 호랑이 사냥에 나섰어요. 그런데 한양에서 온 착호갑사가 마을 사람들을 몰이꾼으로 써서 사람들의 불

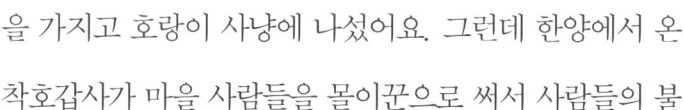

만을 사고, 마을에서 착호갑사를 대접하는 것 때문에 문제가 생기기도 했어요. 이에 세종 때부터는 호랑이 잡는 일을 전문으로 하는 부대를 만들었어요. 착호갑사 스무 명이 호랑이 사냥하는 일을 도맡아 하기로 한 거예요.

착호갑사는 당번 스무 명이 일할 때 나머지 스무 명은 쉬는 식으로 돌아가면서 일했어요. 실력이 좋으면 보상도 뒤따랐어요. 1년 동안 호랑이 다섯 마리를 가장 먼저 명중시킨 착호갑사는 승진의 기회를 얻었어요.

그러나 호랑이와의 전쟁은 만만치 않았어요. 처음에 스무 명이던 착호갑사는 세조 때는 200명, 성종 때는 440명까지 늘어났어요. 좀처럼 호랑이로 인한 피해가 줄어들지 않았던 것을 짐작할 수 있어요. 그래서 조정에서는 호랑이를 잡아 바치는 사람에게 후한 포상을 내려 누구든지 호랑이 사냥에 나서도록 장려했어요. 천민이 호랑이를 잡아 바치면 평민으로 올려 주고, 평민은 세금을 없애 주었어요. 또 지역별로 매년 호랑이 가죽 세 장을 바치게 해서 호랑이를 반드시 잡도록 유도했어요. 가죽을 바치지 못하면 가죽

값에 해당하는 세금을 내야 했지요. 오죽하면 이런 정책까지 나왔을까 싶어요.

아무나 착호갑사가 될 순 없다

호랑이 사냥하는 것을 직업으로 삼으려면 힘도 세고, 무기도 잘 다뤄야 했지요. 그래서 무예가 뛰어나거나 날쌔고 힘센 사람을 착호갑사로 뽑기 위해 시험을 봤어요. 나라에서 뽑는 군인이기 때문에 《경국대전》에 선발 조건이 자세하게 나와 있어요.

- 180보 거리에서 나무 화살을 쏘아 한 발 이상 맞히기.
- 말을 타면서 활을 쏘아 두 발 이상 맞히기.
- 말을 타면서 창을 던져 한 번 이상 맞히기.
- 정해진 시간 동안 250보 이상 달려가기.
- 양손에 각각 50근(30킬로그램)씩 들고 100보 이상 가기.

이 시험 중에서 한 가지 이상 합격한 자를 뽑는다.
한편, 선전창이나 차전창으로 호랑이 두 마리를 잡는 자를 시험 없이 착호갑사로 임명한다.

《경국대전》

 선전창은 활이나 창으로 가장 먼저 명중시키는 것이고, 차전창은 두 번째로 명중시키는 것을 의미해요. 호랑이 사냥에서 다른 사람보다 빠르게 호랑이를 두 번 맞힌 사람은 시험을 보지 않고도 착호갑사가 될 수 있다는 뜻이에요. 호랑이를 실제로 잡아 본 사람을 착호갑사로 뽑으려 한 거지요. 한편, 지방에서는 군대를 이끄는 절도사가 군인이나 향리, 노비 중 용맹한 사람에게 착호갑사의 임무를 맡겼어요.

착호갑사는 16세기까지 늘어나다가, 임진왜란 이후 한양과 한양 외곽의 방어를 위해 생겨난 5군영이 착호갑사의 일까지 하게 되면서 점차 사라져 갔어요.

체탐인, 적진에 숨어드는 스파이

신분: 대부분 북쪽에 사는 평민 군인
하는 일: 적의 움직임을 정탐.
특징: 군인 중에서도 배짱이 좋고, 용맹함.
오늘날 직업: 정보 기관 특수 요원, 공작원

여진족 정보는 내게 맡겨라!

　조선은 나라를 세우고 기틀을 잡아 가는 과정에서 외적의 침입으로 어려움을 겪었어요. 특히 압록강과 두만강 주변에 여진족이 자주 쳐들어와 조선 백성들을 괴롭혔지요. 여진족은 갑자기 나타나 백성이 사는 집을 공격했어요. 사람을 죽이거나 잡아가고, 식량과 물건을 빼앗은 뒤 불을 질렀지요. 이렇게 위협적인 여진족의 공격에 군사들은 꼼짝을 못 했어요. 그렇다고 먼저 여진족을 공격하기도 어려웠어요. 여진족은 여기저기 돌아다니며 농사를 짓거나 목축을 하며 살아가는 부족이어서 어디에 있는지 알 수 없었거든요. 게다가 압록강 너머는 조선 사람에게 익숙하지 않은 땅이었어요. 국경에 나타난 여진족을 뒤쫓아 갔던 군사들이 숨어 있던 여진족에게 목숨을 잃는 일이 흔했어요.

　상황이 이러하니 여진족이 머무는 곳과 수, 그리고 언제 움직이는지 미리 아는 것이 무엇보다도 중요했어요. 이러한 절박한 필요에서 생겨난 것이 바로 체탐인이었지요. 체탐인은 적의 행동을 몰래 살피거나 신분을 거짓으로 꾸

며 정보를 캐내던 사람을 말해요. 국경을 넘나들며 여진족의 움직임을 살피고 정보를 알아내는 임무를 맡았어요. 체탐인은 국경선 근처 높은 산에 올라가 여진족을 관찰하다가 여진족이 조선을 공격할 기미가 보이면 재빨리 군사들에게 신호를 보내 대비하게 했어요. 여진족 본거지에 몰래

들어가 정탐하기도 했지요. 이 임무는 어렵고 위험했지만, 여진족 무리가 어디쯤 머무르고 있는지, 숫자는 얼마나 되

스파이를 보내라!

평안도 도절제사 최윤덕과 부하 김효성, 최치운이 인사를 드리자 왕이 말했다.

"동에 번쩍, 서에 번쩍 날뛰는 여진족을 치기는 쉽지 않을 것이다. 그러나 놈들의 내부에 들어가 정보를 알 수 있다면 우리 군사들이 들이닥쳐 하루에도 한두 마을은 칠 수 있을 것이다."

왕의 말에 최윤덕이 답했다.

"그러하옵니다. 훌륭한 장수들이 어찌 군사들의 힘으로만 싸우겠습니까? 정탐할 일이 있으면 여기 최치운을 함께 보내겠습니다."

이에 왕이 당부했다.

"경계하고 또 경계하라."

《세종실록》, 15년(1433년) 1월 19일

드라마에나 나올 법한 이 대화는 꾸며 낸 이야기가 아니라 실제로 있었던 일이에요. 역사 기록으로 남아 있거든요. 세종은 여진족의 정보를 알아내는 것이 전쟁의 승리에 무엇보다도 중요하다고 여겨 체탐인을 두라고 명한 거예요. 이처럼 조선에서 체탐인을 보낸 기록은 여럿 남아 있어요.

는지 정확히 알기 위해 꼭 필요한 임무였어요. 그래야 군사들이 움직일 수 있었기 때문이에요.

목숨 걸고 나라를 위해 일하다

상상만 해도 긴장되고 겁이 나는 일인데, 대체 누가 체탐인이 되었을까요? 우선은 군인 중에서 용맹한 사람을 체탐인으로 뽑았어요. 조선에 귀화한 여진족도 체탐인으로 뽑았지요. 이들은 여진족의 지리와 상황을 잘 알고 있을 테니까요.

체탐인은 적에 대한 정보를 알아내는 유일한 통로였기에 갖추어야 할 자질도 많았어요. 적이 있는 곳으로 뛰어들 수 있는 배짱과 용맹함, 자신을 보호할 수 있는 무예 실력, 상황을 재빠르게 읽어 낼 수 있는 예리함, 현지인처럼 보이기 위한 언어 실력, 발각되었을 때 대처할 수 있는 기지, 그리고 무엇보다 목숨을 잃을 수 있는 일이기에 직업정신과 애국심이 없으면 할 수 없는 일이었어요.

체탐인은 두 명에서 열 명까지 한 조가 되어 움직였어요.

그렇게 활동하는 체탐인이 1446년에는 무려 409명이었다고 해요. 체탐인은 며칠씩 험한 길을 이동하고 밤에 적을 살피다가 걸리면 전투를 벌이기도 했어요. 고되고 위험

한 일이었기에 다치거나 목숨을 잃는 체탐인도 적지 않았지요. 적에게 잡혀 죽거나 산속에서 만난 맹수에게 당하거나 오가는 길에 물에 빠져 죽기도 했어요. 오죽하면 세종

이 사형수를 체탐인으로 쓸 생각까지 했을까요? 적이 있는 곳에 들어가서 임무를 다하고 살아서 돌아오면 사형을 면해 주자고 제안했지만, 장수들의 반대에 부딪혀 실행되지는 못했어요.

전쟁 중에 빛을 발하는 직업

일찌감치 세종은 정보의 중요성을 알아차리고 체탐인을 두라 했어요. 때로는 상을 내리며 활동을 독려하고, 때로는 활동을 자제시키는 유연함을 발휘했지요. 체탐인의 활약에 힘입어 두 번 치러진 여진족과의 전쟁은 승리로 이어졌어요. 이후 세종은 평안도와 함경도에 4군과 6진이라는 조선의 행정 구역과 군사 시설을 두어 조선의 영토를 확실히 했지요.

여진족이 잠잠해지고 조선의 국경이 안정을 되찾자 더 이상 체탐인은 필요하지 않게 되었어요. 그러나 임진왜란이라는 큰 전쟁이 일어나자 다시금 체탐인을 찾게 되었지요. 전쟁 때에만 필요한 직업이라니, 참으로 극한 직업이

아닐 수 없어요. 만일 세종 때의 경험을 교훈 삼아 전쟁이 닥치기 전에 주변 상황과 나라를 살피는 체탐인을 두었다면 어땠을까요? 필요하면 체탐인을 썼다가 안정되면 없애는 것이 아니라, 평화로울 때도 주변 상황을 살피고 정보를 모으는 지혜는 예나 지금이나 중요한 부분이에요.

매를 맞으면 돈을 준다고?

고전 소설이자 판소리로 불리는 《흥부전》에는 가난한 흥부가 신박한 아르바이트에 나서는 이야기가 나와요. 흥부는 곡식을 빌리러 관청을 찾았다가 이방에게 희한한 일을 소개받아요. 고을의 김부자 대신 군영에 가서 매를 맞으면 그 값으로 돈 30냥을 준다는 것이었어요. 매만 맞으면 돈을 벌 수 있다는 말에 흥부는 몇백 리 길을 달려가지만, 하필 그날 죄인을 풀어 주라는 명령이 떨어져 돈도 못 벌고 발길을 돌리고 말아요. 흥부의 가련한 처지가 잘 드러나는 대목이지요. 그런데 흥부가 나선 것처럼 실제로 대신 매를 맞고 돈을 벌 수 있었을까요?

조선에서는 죄지은 사람 대신 매를 맞고 돈을 받는 것을 매품팔이 혹은 대장이라고 했어요. 대장은 대신 곤장을 맞는다는 뜻이에요. 왕실에서 기록한《승정원일기》에 "돈을 받고 매를 대신 맞는다."라는 기록이 있는 것을 보면 매품팔이가 실제로 있었음을 알 수 있어요. 많은 백성이 읽고 즐겼던《흥부전》에 나올 정도이니 백성들 사이에서 왕왕 있던 일이었음을 짐작할 수 있어요.

매품팔이가 보여 주는 조선 사회

조선 후기 학자 성대중이 쓴《청성잡기》에는 매품 파는 사람들의 이야기 두 가지가 실려 있어요. 이 두 가지 이야기에서 매품팔이로 살아간 백성의 모습과 사람들의 헛된 욕심을 꼬집는 풍자를 엿볼 수 있어요.

첫 번째는 곤장 일곱 대에 엽전 다섯 꿰미를 준다기에 대신 매를 맞으러 간 매품팔이가 매서운 곤장 맛에 놀라 매를 치는 집장사령에게 뒷돈으로 엽전 열 꿰미를 주었다는 이야기예요. 엽전 열 꿰미로 죽음은 면했지만, 다섯 꿰미 벌

겠다고 화를 자초한 것은 모르는 매품팔이의 어리석음을 풍자한 이야기지요. 두 번째는 욕심 많은 매품팔이의 아내가 이미 두 번이나 매품을 팔고 돌아온 남편을 구슬려 또 한 번 매품을 팔게 하다 죽게 한 이야기예요. 돈만 생각하다가 남편을 죽음으로 몰고 간 것이지요.

《청성잡기》에 소개된 매품팔이 이야기는 매품으로 생계를 이어 가야 했던 가난한 백성의 삶, 뒷돈을 받고 제멋대로 벌을 준 잘못된 관리, 죄를 짓고도 매품팔이를 동원해 죗값을 받지 않은 양반과 같은 조선 사회의 여러 모습을 보여 주고 있어요.

돈 안 되는 극한 알바

《흥부전》에는 매품팔이의 품삯이 30냥으로 나와요. 당시 하루하루 근근이 살아가는 일용 노동자의 하루 품삯이 20푼 정도였는데, 100푼이 1냥이니까 30냥이면 일용 노동자가 150일을 꼬박 일해야 벌 수 있는 돈이었어요. 하루 매 맞고 거의 반년 치 생활비를 벌 수 있다는 얘기이지요. 실제 매품팔이도 이 정도의 돈을 받았을까요?

　당시 조선 법에 따르면 곤장은 최대 100대까지만 때리게 되어 있고, 이를 벌금으로 대신할 때는 7냥을 내야 했어요. 그렇기 때문에 곤장 100대를 맞아야 하는 사람이 매품팔이에게 7냥 넘게 쓰는 일은 없었을 거예요. 그럴 바에야

돈 주기 싫으면 맞던가!

매품팔이를 쓰지 않고 벌금을 내면 되니까요. 그러니까 매품팔이가 한 번에 벌 수 있는 돈은 최대 7냥이었을 테지요. 거기다가 곤장을 치는 집장사령에게 뇌물을 바치지 않으면 목숨이 위태로웠기 때문에 실제 매품팔이가 손에 쥐는 돈은 얼마 되지 않았을 거예요. 매품팔이는 먹고살 수 있는 방법이 있는 사람이라면 결코 나서지 않을, 돈 안 되는 극한 알바였어요.

매품팔이는 왜 유행했을까?

조선 초기부터 매품팔이가 유행한 건 아니었어요. 《세종실록》과 《선조실록》을 보면 늙은 아버지 대신 아들이 매를 맞겠다고 나선 이야기가 있어요. 세종은 이를 허락하지 않았으나, 효를 중시하던 조선에서는 부모 대신 아들이 매를 맞는 것은 더러 허용한 것으로 보여요. 양반의 경우에는 노비가 대신 매를 맞기도 했어요.

조선 후기로 가면서 매품팔이가 유행하는데, 이는 조선의 변화와 맞물린 현상이었어요. 상업이 발달하고 본격적

조선의 효자들 vs 원칙주의자 세종

 전 좌랑 조승이 자신의 아버지 조진이 병이 들었다며, 북을 울리며 아뢰어 아버지를 대신하여 곤장을 맞는 것을 청하였다. 그러자 왕이 이렇게 말했다.
 "요즘 신하들에게 죄가 있다 하여도 얼굴에 죄를 새긴 자가 없고, 지금 조진은 분수에 넘친 일이 너무 많고, 또 특별한 능력도 없으므로, 내가 일찍이 법대로 다스리라고 명하였더니, 이제 그 아들 조승이 아비를 대신하여 벌을 받겠다고 청하나, 자식이 아버지의 죄를 대신하는 것은 옛날에도 예가 없으니, 법대로 하는 것이 옳다."

《세종실록》 6년 (1424년) 1월 24일

 《세종실록》을 보면 조승이라는 사람이 병든 아버지를 대신해 곤장을 맞겠다고 세종에게 청한 내용이 나와요. 효심이 지극한 아들이 아버지를 대신해 매를 맞겠다고 나선 것이죠. 그러나 세종은 자식이 아버지를 대신해 곤장을 맞는 것은 예전부터 없던 일이라며 법에 따라 처벌하라고 해요. 벌은 죄를 지은 사람이 받아야 옳고, 결코 다른 누군가가 대신할 수 없음을 말하는 것이지요.

으로 화폐를 쓰면서 견고했던 양반 사회가 흔들렸어요. 경제적으로 몰락한 양반이 생기는가 하면, 한쪽에서는 장사로 큰돈을 번 중인과 상인들이 돈을 내고 양반이 되었어요. 부패한 관리들이 돈으로 관직을 사고팔았거든요.

  뼈대 없는 새로운 양반들은 부패한 관리들의 먹잇감이 되었어요. 엉뚱한 죄를 뒤집어씌운 뒤 매품팔이를 쓸 수 있게 허락한다는 이유로 뒷돈을 요구했어요. 《흥부전》에서 무고하게 고소를 당한 김부자는 뼈대 없는 양반이었을 테고, 흥부에게 매품팔이를 제안한 이방은 김부자의 뒷돈을 챙긴 부패한 관리였던 거예요. 이렇듯 매품팔이는 먹고살기 힘들었던 백성들과 부패한 관리가 만들어 낸 조선의 슬픈 자화상이었어요.

사진으로 만나는 조선의 극한 직업

〈중화장하는모양〉
불교에서는 장례를 치를 때 시체를 화장해요. 조선 말기의 화가 김준근이 이 모습을 그림에 담았어요. 매골승도 길거리에 있는 시신을 수습한 뒤 화장하거나 땅에 묻어 주었어요.

똥장군과 지게
똥장수가 똥을 모아 나를 때 쓴 도구들이에요. 장군은 액체를 담아서 옮길 때 쓰는 그릇을 말하는데, 똥장수는 똥을 바가지로 퍼서 똥장군에 담은 뒤 짚으로 된 뚜껑을 닫아 똥지게로 옮겼어요.

쇠뇌
착호갑사가 호랑이를 잡을 때 쓴 활이에요. 일반 활보다 더 멀리 쏠 수 있고, 화살촉도 커서 호랑이를 잡을 때 요긴하게 쓰였어요.

《북관유적도첩》 중 〈야전부시도〉
《북관유적도첩》은 지금의 함경도에서 공을 세운 장수들의 업적을 여덟 폭의 그림에 그려 글과 함께 엮은 책이에요. 그중 〈야전부시도〉는 세조 때 신숙주가 여진족을 정벌하는 장면을 그린 그림이에요. 이 그림 속에 체탐인이 있을지도 몰라요.

곤장
죄인의 볼기를 치던 도구예요. 매품 팔이는 죄를 짓지도 않았음에도 매서운 곤장 맛을 보아야 했지요.

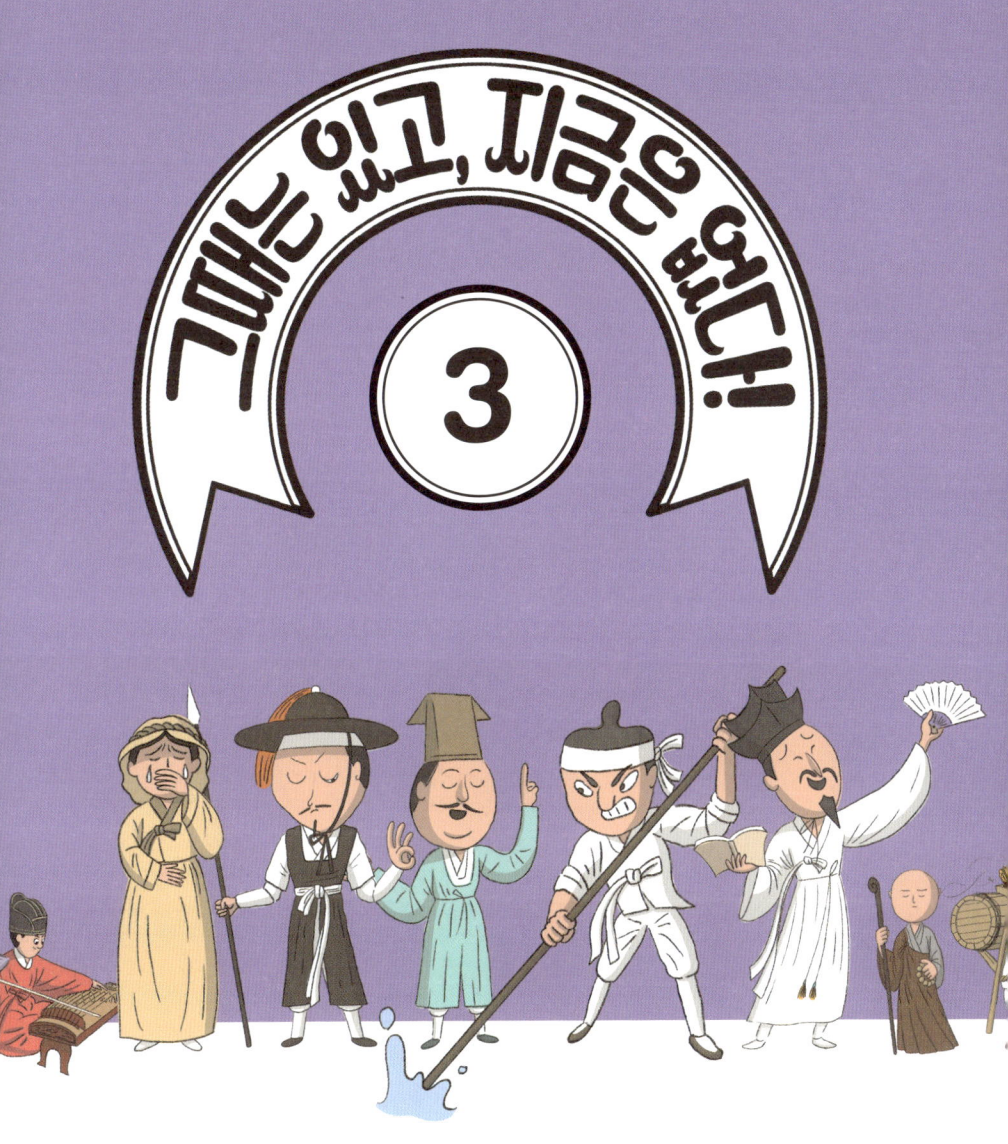

대신 울어 주는 사람이 있다고?

 누군가 세상을 떠나면 가족이나 친지처럼 가까운 사람들은 이별의 슬픔을 울음으로 표현해요. 누구에게 보이기 위해 하는 것이 아니라, 슬픈 감정에 의한 자연스러운 반

응이지요. 그런데 조선에는 죽은 사람을 떠나보내는 장례식에서 가족을 대신해서 울어 주는 사람이 있었어요. 대신 울어 준다니, 참으로 희한한 일도 다 있지요? 언뜻 생각하면 죽은 사람에 대한 예의가 아닌 듯한데, 실록에도 기록될

만큼 왕실과 양반가, 일반 백성에게까지 익숙한 장례 문화였어요. 대체 무슨 이유일까요?

조선은 유교를 따르는 나라였기 때문에 장례 절차 역시 유교에서 정한 법을 따랐어요. 유교 예법에서는 사람의 숨이 끊어지는 순간부터 가슴을 치고 발을 동동 구르며 슬픔에 겨워 곡을 해야 한다고 가르치고 있어요. 곡이란 울음인데, 초상을 당했을 때 슬픔을 나타내기 위하여 격식과 절차에 따라 소리 내어 우는 거예요. 평소 감정에 북받쳐 우는 울음과는 조금 다른 의미지요. 특히 부모가 세상을 떠났을 때는 목 놓아 곡하는 것이 불효를 뉘우치는 거라고 여겼어요. 부모가 돌아가시면 3년 동안 열아홉 가지의 장례 절차가 이어졌는데, 이 기간의 모든 절차는 곡으로 시작해서 곡으로 끝난다고 할 만큼 장례에서 곡은 중요했어요.

대신 우는 것도 방법과 절차가 있다!

장례를 치를 때 곡소리가 멈추지 않는 것이 미덕이었던 조선에서는 되도록 크고 구슬프게 울어야 죽은 사람에 대한 예의를 다한다고 믿었어요. 이 때문에 곡소리에 따라 자식의 효심과 장례식의 수준을 판가름하기도 했지요. 그러나 장례를 치르는 내내 곡소리가 끊이지 않게 하는 것은 힘든 일이었어요. 육체적으로도 힘들뿐더러 장례를 치르면서 챙겨야 할 일이 많았기 때문이에요. 예법을 중요하게

대상에 따라 우는 방법이 다르다?

곡을 하는 방법은 죽은 사람과의 관계나 장례 과정에 따라 달랐어요. 부모와 조부모, 형제자매, 부모의 형제자매처럼 가까운 사이에서는 애곡이라 불리는 곡을 했는데, '아이고' 혹은 '애고'라고 곡을 했어요. 그보다 덜 가까운 친척이나 아는 사이에서는 어이곡 혹은 평곡이라 불리는 곡을 했지요. 이 곡은 '어이 어이'라고 소리 내어 곡을 하는 거예요. 그러나 가까운 사이라고 장례 내내 애곡을 해야 하는 것은 아니었어요. 할아버지나 할머니의 장례 때 아버지가 살아 있는 경우나 양자로 간 아들의 양아버지가 살아 있는 경우, 시부모 장례를 치를 때 남편이 살아 있는 경우에는 장례를 치른 뒤 세 번째로 지내는 제사인 삼우제가 끝나면 어이곡으로 바꿔서 곡을 했어요. 이렇듯 조선의 장례에서 곡이란 단순하게 감정을 표현하는 것이 아니라 예법이자 의례의 행위였어요.

생각하던 양반 중에는 무리해서 곡을 하다가 몸이 상하는 경우가 많았어요. 더러는 체면 때문에 소리 내어 통곡하는 것을 난처해한 양반도 있었다고 해요. 그래서 상주와 번갈아 가면서 대신 곡을 해 주는 문화가 생겨났어요. 곡하는 일은 무척 힘들기에 장례를 치르는 사람에 대한 배려였어요. 그러나 곡은 격식과 절차에 따라서 해야 했기에 대신 곡을 해 줄 때도 지켜야 할 것들이 있었어요.

중국의 철학자 주자의 가르침이 담긴 책 《가례》에는 대신 곡을 해 주는 시기와 방법이 나와 있어요. 시신을 싸서 묶는 소렴 때는 번갈아 가면서 곡을 하더라도 곡소리가 끊이지 않게 하고, 시신을 관에 넣으면 곡을 대신하지 말라고 되어 있어요. 상주가 상복으로 갈아입으면 슬플 때마다 대신 곡을 해 주고, 상여가 떠나기 하루 전부터 시신을 묻는 곳에 도착할 때까지는 끊이지 않게 곡을 하라고 나와 있지

요. 유교 예법이 나와 있는 중국의 《의례》라는 책에는 왕의 장례에 관해 나와 있는데, 관리의 계급에 따라 차례로 곡을 하되 물시계를 두고 시간에 맞추어 교대하라고 했어요. 선비의 장례는 친한 순서에 따라 곡을 해야 했지요.

예의를 다하고 필요를 채워 주는 곡비

이러한 문화와 필요에서 곡비가 탄생했어요. 곡비는 '곡을 하는 여종'이라는 뜻으로, 통곡비라고 불리기도 했어요. 품삯을 받고 상주를 대신해서 울어 주는 것이 곡비의 역할이었어요. 특별한 자격이나 기술이 없어도 가능한 일이지만 몸도 힘들고 감정 소모도 큰 만큼 생계가 어려운 여성들이 먹고살기 위해 곡비가 되었어요. 주로 상여를 묘지까지 옮길 때 앞에 서서 구슬프게 곡하는 일을 맡았고, 묘를 옮길 때 곡을 하기도 했어요.

고려 때 왕과 왕비의 장례 때만 보이던 곡비는 조선에 오면서 왕실의 친척이나 대신들의 장례에도 등장했어요. 왕과 왕비, 대신들의 장례는 오랫동안 치렀기 때문에 곡비를 쓰지 않고는 곡을 계속하기 어려웠고, 중요한 인물일수록 크고 구슬픈 곡소리로 예를 다해야 했기에 여러 명의 곡비가 필요했어요. 곡비는 죽은 사람에 대한 예의를 다하고 산 사람들의 괴로움을 덜기 위해 생겨난 직업인 거예요.

《세종실록》에는 왕의 장례에 저잣거리의 여성을 곡비로 쓰는 것은 좋지 못하니 궁녀에게 곡하게 하고, 상황이 여의치 않을 때는 궁궐의 노비를 곡비로 쓰자는 내용이 있어요. 대신들의 장례식에는 그 집 노비를 쓰게 하자고 건의하자 세종이 이를 허락했다는 내용도 담겨 있어요. 대신들이 장례 때 곡비를 써서 허세를 부리니 이를 막자는 의견이 나온 거예요.

《숙종실록》에는 일반 백성들이 곡비를 앞세워 상여를 나르는 것을 허세라고 비판하는 내용이 나와요. 조선 후기에는 왕실이나 양반뿐만 아니라 일반 백성까지도 곡비를 쓴 거예요. 현종과 숙종 때 곡비를 못 쓰게 하는 법을 만들었으나 잘 지켜지지 않았어요. 노비를 많이 거느린 지체 높은 양반은 곡비를 쓸 필요가 없지만, 그렇지 못한 양반이나

일반 백성은 장례 때만이라도 곡비를 사서 초라한 장례가 되지 않기를 바랐기 때문이에요. 이렇게 곡비는 조선의 보편적인 장례 문화로 자리 잡았어요.

잘 우는 것이 인기의 비결

어느 직업이나 실력이 좋으면 인기가 많은 법이지요. 곡비도 다르지 않았어요. 크고 구슬프게 곡을 잘하는 곡비는 인기가 많아 장례 때마다 불려 다녔어요. 경험이 풍부한 곡비 역시 요령 있게 일을 잘했지요. 그러나 일삼아서 우

는 일이 어디 쉬운가요? 자기 부모가 돌아가셔도 돈 주고 곡비를 사는 마당에, 남의 상갓집에 가서 쉴 새 없이 곡하는 일은 참으로 고된 일이 아닐 수 없었어요.

  곡비는 품삯을 받고 통곡하는 일을 업으로 삼았으나, 사람이 마땅히 해야 하는 가장 중요한 일 중 하나인 효를 실천하려는 이들을 도와주는 사람이었어요. 슬픔을 당한 사람을 돕고 죽은 사람에게 예를 다했던 곡비는 보이지 않는 곳에서 유교의 이념을 실천한 직업인이었어요.

군대 가는 조선 남성들

조선의 백성은 크게 양인과 천인으로 나뉘었어요. 양인에는 양반, 중인, 평민이 포함되었는데, 양인 남성은 양반, 평민 할 것 없이 16세에서 60세까지 병역의 의무를 졌어요. 군대에 가서 훈련도 받고 전쟁이 나면 병사로서 싸워야 했던 거지요. 16개월마다 2개월씩 군대에 갔는데, 모든 사람이 한꺼번에 갈 수 없으니 돌아가면서 갔어요.

군대에 가 있는 양인을 정군, 군대에 가 있지 않은 양인을 보인이라 했는데, 정군이 군대에 있는 동안에 일을 할

수 없으니 보인은 정군을 경제적으로 도왔어요. 한 마을에 양인 남성이 세 명인 경우 한 명이 정군이 되면 나머지 두 명이 보인이 되어 정군을 도와주었어요. 그렇게 세 명이 돌아가면서 정군과 보인이 되었지요. 나라에서 정군에게 줘야 할 월급을 보인이 대신 부담해 정군의 생활을 돌보도록 한 거예요.

군역을 피해 가는 사람들

양인이라고 모두 군대에 가는 것은 아니었어요. 관료, 글공부를 하는 학생, 이전에 높은 벼슬을 했던 관료는 군역을 면제받았거든요. 그 밖에 천민과 장애인, 70세 이상의 부모를 둔 아들도 군대에 가지 않아도 됐죠. 또 나라에 공을 세운 집안의 자손은 3대까지 군대에 안 갔어요. 승려 자격증에 해당하는 도첩을 받은 사람도 면제였어요.

이렇게 다양한 예외가 있다 보니 어떻게든 군역을 피해 가려는 사람들이 넘쳐 났어요. 돈을 주고 도첩을 사거나, 나이가 지긋한 사람이 지방 학교인 향교에 등록해 학생 신분을 얻거나, 실력이 모자란 선비가 불법으로 오늘날 대학교인 성균관에 들어가기도 했어요. 군역이 버겁다며 천민이 되게 해 달라는 상소를 올린 사람도 있었지요.

다시 노비로 살게 해 주세요!

새로 양인이 된 손장수가 병조에 소장을 올렸다.
"저 손장수는 정해년에 자원하여 난을 진압한 공으로 천민 신분에서 평민이 되어 역에 소속되었는데, 지금 가난하고 약해서 군사로는 합당하지 않습니다. 그러니 제발 다시 성균관 노비로 살게 해 주십시오."
하니 그대로 따랐다.

《성종실록》, 4년(1473년), 8월 22일

조선 시대 때 가장 낮은 신분이었던 천민은 사람대접을 받지 못했어요. 신분 때문에 겪는 서러움이 많았지요. 그런데 힘들게 천민에서 양인이 되고선 다시 천민이 되게 해 달라고 한 사람이 있어요. 바로 성종 때 손장수라는 사람이에요. 손장수는 원래 성균관의 노비였는데, 세조 때 이시애의 난이 일어나자 진압군으로 공을 세워 양인이 되었어요. 그런데 손장수는 다시 성균관의 노비로 살게 해 달라는 상소를 올려요. 노비로 사는 것보다 군역을 지는 게 더 버거웠던 거예요.

나 대신 군대 좀 가 주오

 상황이 이렇다 보니 법에서는 양인 남성이라고 했지만, 실제 군대에 가는 사람의 대부분은 농민이었어요. 양반과 중인은 관직을 가지거나 학생 신분이라 제외되었고, 평민의 대다수가 농민이었기 때문이에요. 농민들은 군역은 물론 온갖 나랏일에 동원되고 세금과 특산물도 내야 했어요. 농민이 나라를 떠받치고 있다고 해도 과언이 아니었지요.

　성인이 되자마자 시작되어 노인까지 이어지는 병역의 의무는 힘들고 고단한 일이었어요. 특히 지방에 사는 사람은 16개월마다 2개월씩 한양에 올라와 복무해야 했기 때문에 더욱 힘들었지요. 한양에서 2개월 복무하기 위해 오고 가는 데만 4~5개월이 걸리기도 했거든요. 그러면 농사를 지을 수가 없었어요. 또 한양은 물가가 비싸서 보인에게 지원받은 것만으로 생활할 수가 없었지요.

　정군은 기병과 보병으로 나뉘는데, 기병으로 불려 갈 경우에는 말까지 마련해야 했어요. 지방에서 한양까지 말을 끌고 가는 것도 문제려니와 말을 먹이고 관리하는 일도 쉽지 않았지요. 이런 이유로 한양에 와서 말을 빌리거나, 아예 돈을 주고 대신 군대에 갈 사람을 찾곤 했어요. 보병도 힘든 건 마찬가지였어요. 보병으로 불려 갔어도 주로 토목 공사에 동원되어 온갖 힘든 일을 해야 했거든요. 그래서 보인에게 지원받은 것으로 대신 군대에 갈 사람을 샀어요. 지금으로선 상상도 못 할 불법인데, 조선에서는 버젓이 이루어졌던 거예요.

대신 군대 가는 합법적인 불법

품삯을 받고 군대에 대신 가 주는 사람을 대립군이라고 했어요. 대립군은 남들이 싫어하는 군역을 대신 지는 극한 아르바이트로, 변변한 직업이 없는 사람이 날품팔이로 하는 경우가 많았어요.

점점 대립군을 쓰려는 사람들이 늘어나자 대립군이 가격을 맘대로 정하는가 하면, 대립군을 쓰라고 강요하는 일까지 벌어졌어요. 관청의 하급 관리나 노비들이 지방에서 올라온 사람들에게 대립군을 쓰라며 강요하고 높은 품삯

을 요구한 거지요. 견디다 못한 정군과 정군을 돕던 보인까지 도망치는 일이 벌어지기도 했어요. 이렇게 대립군의 품삯이 문제가 되자 나라에서 가격을 정하는 일까지 벌어

졌으니, 사실상 나라가 대립군을 인정한 셈이에요. 나중에는 나라에서도 정규군으로 해결이 안 되는 급박한 상황에 대립군을 쓰곤 했어요.

　대립군은 유용한 면도 있었으나 부작용이 많았어요. 힘든 훈련을 하기 싫은 군인이 대립군을 세워 군사력에 구멍이 생기기도 하고, 위급한 소식을 빠르게 전하는 파발에 대립군을 세워 중요한 연락이 늦어지기도 했어요. 훈련되지

않은 대립군의 전투 능력과 의욕이 낮을 것은 불을 보듯 뻔했지요. 임진왜란 때 초반 전투에서 계속 진 이유도 이와 무관한 일이 아니었어요. 심지어 임진왜란과 병자호란의 뼈아픈 상처를 겪은 뒤에도 양반은 군역의 의무를 나누어 지기를 거부했으니, 병역의 불평등은 조선의 고질적인 문제였어요.

누구나 볼 수 있지만 아무나 볼 수 없는 시험

조선은 나라의 관리를 시험으로 뽑았는데, 이 시험을 과거라고 했어요. 오늘날 공무원 시험의 시작이라고 할 수 있어요. 법적으로 과거는 천민만 아니라면 누구나 볼 수 있었기 때문에 양반에게만 허용되던 관리의 길이 일반 백성에게도 열리는 계기가 되었어요. 그러나 실제로는 양반이 아니면 과거를 준비하고 치르는 것이 어려웠어요. 대부분의 평민은 글을 배울 기회조차 갖지 못하고, 밥벌이를 제쳐 두고 글공부에 매달릴 수도 없었거든요. 과거를 치르기 위해 오가는 비용을 마련하기도 어려웠고요. 반면 양반에게 과거는 사회에 진출할 수 있는 유일한 길이었기에 일찍부터 글을 익히고 과거에 합격해서 관직에 나아가려 했어요.

문제는 관직의 수가 한정되어 있다는 것이었어요. 조선의 인구가 늘어감에 따라 과거를 보려는 사람은 많아지는데 관직의 수는 변함이 없으니 갈수록 경쟁이 치열했어요. 조선 후기에 10만 명이 넘는 사람이 함께 과거를 본 경우도 있었는데, 그들 중 고작 33명만 합격했어요. 정조 때 왕세자 책봉을 기념하며 이틀간 진행한 특별 과거 시험에는 무려 21만 명이 응시하기도 했지요.

뒤죽박죽 난장이 과거 시험장?

시끄럽고 뒤죽박죽 정신없는 상태를 난장판이라고 하는데, 이 말이 과거 시험장에서 유래된 것을 알고 있나요? 전

국 각지에서 몰려든 선비들이 질서 없이 뒤엉키던 과거 시험장을 난장이라고 한 데서 생겨난 말이에요. 영화나 드라

마에서 과거 보는 장면은 마당에 줄지어 앉은 선비들이 조용히 시험을 치르는 모습으로 재현되곤 해요. 그러나 진짜 조선의 과거 시험장은 그렇게 조용히 줄지어 앉을 수 있는 상황이 아니었어요.

   과거는 넓은 공터에서 치러졌어요. 현제판이라고 하는 널빤지에 시험 문제를 붙여 두면 과거 응시자가 문제를 보

고 자리로 돌아가 답안지를 적었지요. 그런데 시험장에 워낙 많은 사람이 모이다 보니 시험 문제를 보는 것부터가 경

쟁이었어요. 밀고 밀치며 시험 문제를 겨우 보더라도 제대로 자리를 잡고 답을 적는 게 쉽지 않았지요. 평생 공부한 실력을 유감없이 발휘해야 할 과거 시험장이 난장판이라니! 글공부에 앞서 자리 맡는 실력부터 길러야 했을까요?

과거 합격을 위한 드림 팀

그토록 어지러운 상황에서 시험에 합격하기 위해 탄생한 것이 접이었어요. 접은 과거 합격을 위해 결성된 이른바 드림 팀이었어요. 조선의 화가 김홍도는 봄날 새벽 과거 시험장의 모습을 〈공원춘효도〉라는 그림에 담았어요. 마치 조선 후기의 과거 시험장을 사진으로 찍은 것 같은 세심한 묘사가 돋보이는 풍속화예요.

이 그림 속에 과거 합격을 위해 모인 접이 등장해요. 한 양산 속에 있는 사람들은 모두 같은 옷과 관모를 쓰고 있어 누가 선비인지 누가 접인지 구분이 안 돼요. 이는 접들이 과거 응시생과 같은 옷을 입고 신분을 위장했기 때문이에요. 시험장에는 시험 보는 선비만 들어올 수 있다는 원칙

이 있었거든요.

　조선 후기에 정약용이 쓴 책 《경세유표》에는 접이 누구누구인지 설명하는 부분이 나오는데, 마치 김홍도의 그림을 글로 풀어낸 듯해요. 문장에 능숙한 거벽, 글씨를 잘 쓰는 사수, 우산 같은 물건을 나르는 수종, 수종 중 천한 자는 노유, 노유 중에서 앞자리를 맡는 자를 선접이라고 한다고 되어 있어요. 과거를 보는 선비 한 명에 최소 다섯 명이 붙어 합격을 위해 일한 거예요.

　선접과 수종, 노유는 시험이 시작되기 훨씬 전부터 움직였어요. 특히 선접은 밤새 시험장 앞에서 기다리다가 문이 열리자마자 뛰어 들어가 현제판 가까이에 자리를 잡았어요. 자리 맡기 전쟁이 얼마나 치열했는지, 접들의 전쟁이라는 뜻의 쟁접이라는 말이 생겨날 정도였어요. 그렇게 치열한 몸싸움을 한 뒤 선접이 자리를 잡으면, 시험에 응시한 선비를 대신해서 거벽이 문제에 맞는 답안지를 쓰기 시작했어요. 그다음에 사수가 단정한 글씨로 재빨리 옮겨 적었지요.

그런데 부잣집 선비를 합격시킬 만큼 실력 있는 거벽은 왜 직접 과거를 보지 않고 접으로 활동했을까요? 지식은 있지만 가난해서 과거를 보기 힘든 양반이나 몰락한 집안의 선비가 거벽으로 활동했어요. 또 양반의 본부인이 아닌 첩에게서 태어난 서얼 출신 거벽이 많았지요. 서얼은 아버

무시무시한 자리 쟁탈전

과거 시험장에서 얼마나 자리 쟁탈전이 치열했는지 정약용과 박제가의 글에 생생하게 담겨 있어요.

"이들은 어깨에 대나무 창을 메고, 손에 쇠몽둥이와 짚자리, 평상을 들고 있다. 노한 눈깔이 겉으로 불거지고 주먹을 어지럽게 옆으로 휘두르고 고함을 지르면서 현제판 밑으로 달려들고 있으니…."

정약용 《경세유표》 중

"마당이 뒤죽박죽되고… 심한 경우에는 망치로 막대기로 상대를 때리고 찌르고 싸우며… 문에서 사고를 당하고… 심지어는 남을 죽이거나 압사하는 일까지 발생한다."

박제가 《북학의》 중

지가 양반이라 글은 익혔으나, 과거를 볼 수 없었어요. 배운 것을 써먹을 데가 없으니, 거벽으로 활동하며 돈을 벌었던 거예요.

과거는 죄가 없다!

접을 써서 과거를 치르는 선비들의 부정행위 못지않게 관리들의 부패도 심각했어요. 돈을 받고 답안지를 고쳐 주거나 미리 시험 문제를 가르쳐 주고, 답안지에 암호를 적게 해서 부정하게 합격시키는 관리도 있었어요. 심지어 시험이 끝난 뒤에 답안지를 받아 준 관리도 있었지요. 숙종 때는 이러한 부정부패가 밝혀져 시험을 무효로 하고, 부정을 저지른 관리들을 유배 보내거나 처형시켰어요.

이렇듯 시험 과정에서 문제가 많다 보니 과거 제도를 비판하는 목소리도 있었어요.

정약용은 "추천 없이 오로지 과거만으로 인재를 뽑으니 1000가지 잘못과 100가지 문제가 일어난다."라고 했고, 박제가는 "모든 길을 막아 놓고 문을 하나만 열어놓으면 공자님이라 해도 그 문을 거쳐야 할 것."이라며 한탄하듯 말했어요. 그러나 과거 제도가 문제라기 보다는 그것을 공정하게 운영하지 못한 사람들이 문제 아니었을까요?

과거는 936년 동안 치러지다가 1894년 갑오개혁으로 폐지되면서 역사 속으로 사라졌어요. 물론 여전히 형태를 달리한 시험은 계속되고 있지만요.

떼꾼, 뗏목 지어 떼돈 버세

신분: 평민
하는 일: 물길을 이용해 나무를 한양으로 옮김.
특징: 뗏목을 타면 떼돈을 범.
오늘날 직업: 없음

물길 따라 뗏목 타는 떼꾼

 조선에서는 나무가 중요한 자원이었어요. 집을 지을 때도, 가구나 배, 그리고 장례 때 쓰는 관을 만들 때도, 난방을 할 때도 나무가 두루 쓰였기 때문이에요. 나무를 심고 키우는 데는 시간이 오래 걸리는데, 이곳저곳에서 나무를 써 버리니 나무는 늘 턱없이 부족했어요. 특히 인구가 몰려드는 한양의 상황은 심각했어요. 몰려든 사람들이 살 집을 새로 짓고, 땔감도 많이 써서 곳곳에 민둥산이 늘어 갔거든요. 그래서 궁궐 공사라도 할라치면 하는 수 없이 다른 지역의 나무를 한양까지 옮겨 와야 했어요. 대개 한양에서는 강원도와 충청도의 나무가 쓰였는데, 이 두 지역의 나무가 품질이 좋기로 유명해 특산물로 바쳐졌기 때문이에요.

 그렇다면 무겁고 긴 나무를 어떻게 한양까지 옮겼을까요? 나무를 한양까지 옮길 때는 물길을 이용했어요. 물에 뜨는 나무의 성질을 이용해 통나무를 뗏목으로 엮은 뒤 한양까지 띄워 보낸 거예요. 나무를 물에 띄워 보내면 젖어서 어떻게 쓰느냐고요? 오히려 물길로 옮겨진 나무는 질이

 좋았어요. 뗏목은 바다를 거쳐 강으로 옮겨졌는데, 바닷물의 소금기를 머금은 나무는 더 단단하고, 오랫동안 썩거나 갈라지지 않았거든요. 그래서 물길로 옮겨진 나무는 쓰기 좋게 만드는 과정까지 거친 셈이라 육로로 옮겨진 것보다 값을 후하게 받았어요.
 한양은 한강을 끼고 있어 물길로 나무를 옮기는 것이 쉬

왔어요. 태백산맥을 낀 강원도 인제 지역에서는 북한강으로, 오대산을 낀 평창과 영월 등지에서는 남한강으로 뗏목을 옮겼어요. 이때 떼꾼이라 불리는 사공이 뗏목을 타고 한양까지 갔어요. 떼꾼은 뗏목을 운전하는 사공이자 목재 운송업자였지요.

나무 베는 일부터 옮기는 일까지

떼꾼의 일은 나무를 베는 것에서부터 시작되었어요. 초겨울부터 나무를 베어 겨울 사이에 산 아래로 내려보냈지요. 겨울에는 산에 눈이 쌓여 나무를 내려보내기가 편하고, 날이 풀리는 봄에 뗏목을 옮기려면 미리 나무를 준비해 둬야 했기 때문이에요. 그렇게 모은 통나무를 굵기에 따라 여덟 그루에서 열 그루씩 묶어 한 동가리를 만들고, 열다섯 동가리가 모이면 줄줄이 엮었어요. 이것을 한 바닥이라고 했는데, 한 바닥은 대개 30미터가 넘었어요.

뗏목 한 바닥이 완성되면 떼꾼이 올라탄 뒤 한양으로 옮겼어요. 떼꾼은 봄부터 가을까지 뗏목을 탔어요. 물길을

잘 아는 경험 많은 떼꾼이 앞에서 지휘하고, 뗏목의 방향을 조정하는 키를 잡은 떼꾼이 뒤에서 보조를 맞추었지요. 뗏목에

는 한양으로 보낼 옹기나 땔나무 따위도 실었는데, 이를 웃짐 치기라고 했어요.

 물이 많을 때는 나무가 잘 떠내려가기 때문에 강원도에서 한양까지 빠르면 일주일 만에 도착했어요. 물이 없을 때는 한 달까지도 걸렸지요. 떼꾼들은 뗏목 위에서 하루를 보내다가 해가 지면 뗏목을 강가에 매어 두고 주막에서 묵었어요.

위험한 만큼 떼돈 벌다

떼꾼의 일은 정말 위험했어요. 특히 물살이 거세고 소용돌이치는 여울을 만날 때 위험했지요. 여울을 만나 뗏목이 부서지면 나무를 잃는 것은 물론 떼꾼이 다치거나 목숨을 잃기도 했거든요.

그토록 위험한 여정을 마치고 떼꾼이 받는 품삯은 얼마나 되었을까요? 떼꾼이 받는 품삯을 공가라고 했는데, 뗏목을 한 번 나를 때 받는 공가는 지방 관리가 받는 봉급의 세 배에 달하는 금액이었어요. 뗏목을 한 번 타면 소 한 마리를 살 정도의 돈을 벌 수 있어 떼꾼으로 나서는 사람이 많았지요.

《세종실록》에 강원도 백성 중에는 추수가 끝나 한가할 때가 되면 떼꾼으로 일하는 사람들이 많고, 떼꾼을 직업으로 삼은 사람도 있다는 기록이 남아 있어요. 1864년 흥선 대원군이 경복궁을 다시 지을 때는 강원도에서 뗏목을 타고 내려온 떼꾼들로 한강 일대가 넘쳐 날 정도였지요.

떼꾼들이 많은 돈을 번다는 것에서 유래한 떼돈이라는

말은 오늘날까지도 쓰이고 있어요.

떼꾼 앞에서 절대 금지!

떼꾼의 실력은 물살이 센 곳을 어떻게 빠져나가느냐로 판가름 났어요. 물살이 세면 줄줄이 엮은 뗏목이 바위에 부딪히거나 걸려서 방향을 못 잡고 뒤엉키기 쉬웠거든요. 이런 상태를 '돼지우리 짓는다.' 혹은 '돼지 꼬리 친다.'라고 했어요. 거센 물살에 뗏목들이 뒤엉키는 것이 꼭 돼지를 가두는 돼지우리 모양새 같거나 돼지 꼬리가 말린 것처럼 보여서 그렇게 말한 것이죠. 떼꾼들은 이런 상황이 일어나는 것을 가장 우려했기 때문에 떼꾼에게 '돼지우리 지어라.' 혹은 '돼지 꼬리 쳐라.'라는 말은 심한 욕설로 통했어요.

늘 위험을 달고 사는 일이다 보니 떼꾼들은 '아침밥이 사잣밥'이라는 말을 주고받기도 했어요. 떼꾼들이 주막에서 묵고 다음 날 먹는 아침밥이 저승사자를 대접하는 밥이 될지도 모른다는 의미인데, 뗏목을 타는 일은 언제 죽을지 모르는 위험한 일이라는 걸 의미하는 말이지요.

떼꾼 앞에서는 말뿐만 아니라 피해야 하는 일도 많았어요. 그때 당시에 흔히 부정 탄다고 여기던 일들을 피했지요. 떼꾼은 물길을 나설 때 가족들과 작별 인사를 나누지 않았고, 여성이 뗏목 근처에 오는 것도 막았어요. 지금 보기엔 참말도 안 되는 미신이죠. 모두 다 혹시 모를 위험을 막기 위한 나름의 방법이었던 거예요.

떼돈을 노리는 사람들

  떼돈을 버는 것은 목숨을 걸어야 하는 일이었어요. 목숨을 잃지 않더라도 뗏목이 부서져 나무를 잃어버리기라도 하면 나뭇값을 물어내야 했지요. 출발할 때 옮기는 나무의 양을 적어 두고, 목적지에 도착하면 그 양이 제대로 도착했는지 확인했는데, 워낙 위험한 일

인 만큼 몇 동가리가 없는 것 정도는 눈감아 줬어요. 그러나 나무를 많이 잃어버리면 돈을 벌기는커녕 큰 손해를 봤지요.

 떼꾼의 돈을 노리는 사람들도 있었어요. 강가에 사는 몇몇 사람들은 떼꾼이 오기를 기다렸다가 협박한 뒤 나무를 뺏거나 억지로 헐값에 넘기게 했어요. 뗏목이 지나가는 길목에서 세금을 거두고, 불법으로 나무를 베었다는 죄를 씌워 옥에 가두거나 벌금을 물리는 탐관오리들도 있었지요. 강변에 늘어선 주막에서는 술과 노래로 떼꾼들을 유혹하며 떼꾼의 주머니를 노렸어요. 몸은 고단하고 주머니는 두둑한 떼꾼들은 유혹에 넘어가 힘들게 번 돈을 다 써 버리는 경우도 많았다고 해요.

 떼꾼은 강에 다리가 놓이고 보가 설치되면서 점점 줄어들었고 댐이 지어지면서 완전히 사라졌어요.

재미있는 소설 읽어 드립니다

조선에는 소설을 읽어 주는 전기수라는 직업이 있었어요. 전기수란 '기이한 이야기를 전하는 노인'이라는 뜻인데, 기이한 이야기란 바로 유행처럼 번지던 소설이었어요.

조선 후기에 소설은 정말 큰 인기였어요. 남녀노소 누구나 소설을 읽고 싶어 했고, 몇몇 사람은 빚을 내면서까지

소설을 빌려 봤어요. 그러나 글도 모르고 가난한 평민들에게 재미있는 소설은 그림의 떡이었어요. 그래서 등장한 것이 바로 소설 읽어 주는 전기수예요. 전기수가 들려주는 이야기를 들으면 글자를 읽을 줄 몰라도, 비싼 책을 사지 않아도 됐거든요. 전기수는 《삼국지》 같은 중국 고전부터 《홍길동전》 같은 영웅 소설, 그리고 《운영전》 같은 애정 소설까지 다양한 장르의 이야기를 맛깔나게 읽어 주었어요. 소설책 읽어 주는 것이 어떻게 직업이 되나 싶겠지만, 전기수는 단순히 책을 읽는 것에 그치지 않고 감정을 실어 이야기 속 인물들을 연기했어요. 낭독이라기보다 일인극을 선보이는 것처럼 말이지요.

조선의 버스커 전기수

전기수가 이야기를 풀어놓던 곳은 사람들이 많이 오가는 곳이었어요. 그래서 우연히 길을 가다 전기수의 이야기를 듣는 사람들이 많았어요. 요즘으로 치면 누구에게나 열린 길거리 공연 같은 거지요. 조선 후기 학자 조수삼이 쓴

《추재기이》에는 전기수의 낭독 일정이 자세히 나와 있어요. 매달 1일에는 첫째 다리, 2일에는 둘째 다리, 3일에는

배오개, 4일에는 교동 입구, 5일에는 대사동 입구, 6일에는 종루 앞에 앉아서 소설을 읽고, 7일부터는 그 길을 거슬

러 올라갔다가 내려오고, 내려왔다가 다시 올라가기를 매달 반복했다고 해요. 지금의 동대문에서 종로에 이르기까지 서울에서 가장 번화한 곳을 돌면서 소설을 낭독한 거지요. 이렇듯 규칙적으로 정해진 자리에서 낭독 공연을 펼치기 때문에 사람들은 전기수가 언제 어디서 이야기판을 벌이는지 알고 찾아왔어요. 글을 읽을 줄 알아도 일부러 전

전기수 살인 사건

"요즘 이런 말이 있다. 종로 담배 가게에서 소설을 듣던 사람이 영웅이 뜻을 이루지 못한 부분에 이르자 눈을 부릅뜨고 입에 거품을 물더니 풀 베던 낫을 들고 앞에 달려들어 책 읽는 사람을 쳐 그 자리에서 죽게 하였다고 한다."

《정조실록》 14년(1790년) 8월 10일

이 충격적인 사건은 1790년 종로의 담배 가게에서 일어났어요. 전기수가 《임경업전》을 낭독하던 것을 듣던 사람이 이야기에 너무 몰입한 나머지 영웅을 방해하는 간신의 목소리를 흉내 내는 전기수를 낫으로 공격한 거예요. 전기수의 연기력이 너무나 뛰어나서 이야기와 현실을 구분하지 못한 거지요.

기수의 낭독을 듣는 사람도 많았어요. 같은 내용이어도 전기수가 들려주는 편이 훨씬 재미있고 실감 났거든요.

그럼 조선의 버스커 전기수는 어떻게 돈을 벌었을까요? 전기수는 맛깔나게 소설을 낭독하다가 재미있는 부분에 이르면 입을 다물었어요. 그러면 이야기를 듣던 사람들은 애가 달아 전기수 앞에 돈을 던졌어요. 돈이 어느 정도 모였다 싶으면 전기수는 능청스럽게 이야기를 이어 갔지요. 전기수가 청중들의 주머니에서 돈을 끌어내는 이 신통방통한 방법을 요전법이라 해요. 오늘날 인터넷에서 영상을 맛보기로 보여 주고 유료 결제를 유도하는 것과 비슷하지 않나요?

집으로 찾아가서 읽어 드립니다

전기수의 연기가 아무리 실감 나고 재미있어도 거리에 나가 이야기를 듣는 것은 양반 체통에 맞지 않는 일이었어요. 이런 이유로 양반집에 찾아가서 소설을 읽어 주는 방문 전기수도 생겨났답니다. 방문 전기수는 이 집 저 집 떠

돌며 물건을 팔듯이 부르는 곳에 가서 소설을 읽어 주었어요. 양반집의 사랑방에는 사대부 남성들이, 안채에는 여성들이 모여 전기수가 읽어 주는 소설책을 귀로 감상했어요. 거리의 열린 무대에서 듣는 것과는 또 다른 특별한 감상과 느낌이 있었을 거예요. 대형 공연장 공연과 소극장 공연이 각각 특색 있는 것처럼요.

 전기수가 큰 인기를 끌자 한양뿐만 아니라 지방에서도 전기수가 등장해 책을 읽어 주었어요. 이렇게 전국 방방곡곡에서 이야기를 실감 나게 읽어 주던 전기수는 20세기 초반까지도 활동했어요. 그러다 누구나 한글을 읽고 쓸 수 있게 되고, 소설책이 사람들에게 널리 퍼지면서 전기수 문화는 사라졌지요. 요즘에는 전기수의 역할을 오디오북이 대신하고 있으니, 문화를 즐기는 방식도 돌고 도는 것이 아닐까요?

사진으로 만나는 사라진 조선의 직업

〈상여〉
죽은 사람을 실은 상여를 묘지까지 나르는 모습을 그린 풍속화예요.
곡비는 주로 상여 앞쪽에서 곡을 했어요.

면포
조선 시대에는 무명으로 만든 면포가 화폐로 쓰였어요.
대립군도 주로 면포로 품삯을 받았어요.

〈정선 아우라지 뗏목〉
강원도 정선 아우라지에서 전통문화인 뗏목을 보존하기 위해 매년 여름 뗏목 축제를 열고 전통적인 뗏목의 모습을 보여 줘요. 이 사진으로 떼꾼이 뗏목을 타는 모습을 알 수 있어요.

〈병풍풍속도〉
풍속도는 선비가 세상을 돌아다니며 마주친 것들을 그린 그림이에요. 옷차림, 생활 모습 등 당시의 풍경이 잘 담겨 있지요. 이 그림은 그중 과거 시험을 치르는 모습을 표현했어요. 양산 아래 있는 접의 모습이 잘 나타나 있어요.

《단원풍속도첩》 중 〈담배 썰기〉
《단원풍속도첩》은 김홍도가 백성들의 생활 모습을 생생하게 묘사한 그림 스물다섯 점을 엮은 책이에요. 그중 〈담배 썰기〉는 담배 가게에서 일하는 사람들이 담뱃잎을 다듬으면서 전기수가 읽어 주는 소설을 듣고 있는 모습이 담겨 있어요.

왕이 쓰는 그릇은 누가 만들었을까?

우리나라 도자기는 나라의 흥망성쇠에 따라 변해 왔어요. 고려 때는 화려한 청자가 유행하다가, 조선 때는 백자가 주류를 이루었지요. 백자의 검소하고 실용적인 면이 성리학을 따르며 청렴을 강조했던 선비들의 취향에 잘 맞았던 거예요. 백자가 유행하면서 조선 왕실에서 쓰는 그릇도 은그릇에서 백자로 바뀌었어요.

왕실에서 쓰는 그릇은 사옹원이 담당했어요. 사옹원은 궁궐의 음식에 관한 일과 전국 각지에서 올리는 물품을 관리하는 관청이었는데, 이곳에서 왕실에서 쓰는 그릇을 만들던 장인을 사기장이라고 했어요. 사옹원에는 380명의 사기장이 속해 있었어요.

사옹원은 왕실의 그릇을 안정적으로 받기 위해 경기도 광주에 분원을 두어 직접 자기 가마를 운영했어요. 말하자면 분원은 왕실에서 쓸 그릇을 만들던 곳이었지요. 경기도 광주는 한양에서 가깝고 가마의 땔감이 되는 나무와 백자의 재료인 백토가 풍부했어요. 또 한강을 통해 그릇을 옮기기에도 편리했지요. 이런 환경 덕에 광주 분원은 최상의 백자를 만들어 내는 것으로 유명했어요.

질 좋은 그릇을 많이 만드는 비법

광주 분원이 만들어진 초반에는 전국에서 실력 좋다는 사기장 1140명을 불러들여 세 팀으로 나눈 뒤 3년에 한 번씩 광주 분원에서 돌아가며 일하게 했어요. 그러다가 돌아가면서 일하는 번거로움을 없애고 기술을 제대로 전수하기 위해 분원에 전속 사기장을 두었지요. 분원은 점점 안정적으로 운영되어 552명의 전속 사기장과 그 가족들이

분원 주변에 머물러 살면서 큰 마을이 만들어졌어요.

　백자는 아홉 가지 과정을 거쳐 만들어졌는데, 사기장들은 과정별로 역할을 나누어 일을 했어요. 흙을 곱게 거르는 수비장, 흙으로 그릇을 빚는 조기장, 그릇을 매끄럽게 손질하는 마조장, 그릇을 말리는 건화장, 가마에 불을 때는 화장, 온도를 일정하게 관리하는 감화장, 그림을 그리는 화청장 등 각 분야에 능숙한 일꾼들이 맡아서 일을 했지요. 사기장들은 재료, 모양, 문양, 색깔에 이르기까지 조정에서 정한 규칙을 엄격하게 따르고 사옹원에서 보낸 번조관의 지시와 감독을 받아 작업했어요. 이런 방식은 규칙에 맞는

질 좋은 그릇을 많이 만들어 내는 데는 효과적이었지만, 사기장이 창의성을 발휘해서 작품을 만들 기회를 막아 버렸어요.

고단한 사기장의 삶

실력을 인정받은 왕실 전속 사기장이라면 안정적인 삶을 살았을 거라고 생각하기 쉽지만, 현실은 그렇지 않았어요. 우선 사회적으로 인정을 못 받았어요. 조선은 장인을 낮추어 보는 경향이 있어 사기장은 평민 신분임에도 천민 취급을 받았거든요. 삶도 무척 고달팠지요. 1년에 왕실에서 쓰는 그릇만 1300죽 넘게 만들어야 했거든요. 한 죽은 그릇 열 개의 묶음이니, 무려 1만 3000개가 넘는 그릇을 만들어야 했다는 말이에요. 거기에 1년에 두 번 정기적으로 왕실에 그릇을 바쳐야 했고, 각 기관에서 요

구하는 그릇의 양도 적지 않았어요.

넘쳐 나는 일거리에 더해 관리자의 수탈과 횡포도 사기장의 삶을 더욱 고단하게 했어요. 분원 관리자의 강요로 원래 만들어야 하는 양보다 더 많은 그릇을 만들어야 했고, 품질 검사에 통과하거나 그릇을 납품하기 위해 궁궐 별감이나 사옹원 서리 같은 사람에게 뇌물도 바쳐야 했어요.

이렇게 고된 노동과 횡포를 견디고 받는 봉급은 어땠을까요? 사옹원에서는 사기장의 봉급으로 1년에 면포 네 필과 달마다 곡식 일곱 석을 주도록 정해 놓았는데, 실제로는 운영비가 부족하다는 이유로 이보다 낮은 봉급을 받았어요. 그마저도 제때 받지 못했고, 흉년이 들거나 전염병이 돌면 아예 못 받을 때도 있었지요. 계속되는 고된 노동과 배고픔을 견디지 못해 도망치는 사기장이 끊이지 않았던

건 어찌 보면 당연한 일이었어요. 이에 도망친 사기장을 곤장 100대에 징역 3년 형으로 처벌한다는 규정이 만들어졌어요.

가업인가 족쇄인가

그럼에도 도망치는 사기장이 늘어나자 조정에서는 사기장은 평생 분원을 벗어날 수 없고 그 자손들까지 대대로 사기장이 되어야 한다는 법을 만들었어요. 이는 사기장의 삶을 옥죄고 가족들에게 고통을 더하기만 했지요. 그래도 문제는 해결되지 않고 분원이 유지되기 어려운 지경에 이르자 사기장이 개인적으로 그릇을 만들어 팔 수 있도록 허락했어요. 조정에서는 사기장에게 돈을 벌 수 있는 기회를 터 주었다고 생각했지만, 사기장에게는 현실적인 대안이 되지 못했어요. 납품할 그릇의 양도, 분원 관리자들의 횡포와 억압도 여전했고, 고위 관리들이 개인적으로 쓸 그릇을 요구하기도 했거든요. 그릇 판매를 허용했다는 이유로 봉급은 오히려 줄어들었고, 봉급을 달라고 요청하는 일조차 어려워졌지요. 이런 상황에서도 요령이 좋은 사기장은 그릇을 팔아서 돈을 벌기도 했지만, 대부분의 사기장은 그릇을 팔아 돈 버는 일에 성공하지 못했어요.

임진왜란은 도자기 전쟁

임진왜란 때 일본은 조선의 사기장들을 납치해 끌고 갔어요. 도자기 기술이 없었던 일본은 조선의 사기장을 통해 도자기 강국의 발판을 다지게 되었어요. 요즘으로 치면 우리나라의 최첨단 기술 인재를 일본으로 끌고 간 셈이에요. 이 때문에 임진왜란을 '도자기 전쟁'이라고 부르기도 해요.

일본 영주들은 조선의 사기장들이 좋은 그릇을 만들 수 있는 환경을 갖추어 줬어요. 이에 조선의 사기장을 끌고 간 지 100년도 채 되지 않아 일본은 세계적인 도자기 선진국으로 발돋움했어요. 전쟁이 끝난 뒤에 일본에 남아 도자기 만드는 것을 가업으로 이어 간 사기장도 있었으나, 많은 사기장은 평생 조선을 그리워하다 생을 마감했어요. 조선으로 돌아간 사기장 중에는 일본에서 도자기를 만들었다는 이유로 곤장을 맞고 일본으로 되돌아온 사람도 있었어요. 일본이 그토록 탐냈던 사기장의 가치를 제대로 알아주지 못한 조선의 안타까운 모습이에요.

붓은 선비들의 특별한 친구

문방사우라는 말 들어 봤나요? 글방의 네 친구라는 뜻으로, 선비들이 곁에 두고 쓰던 종이, 붓, 먹, 벼루를 가리키는 말이에요. 얼마나 가깝고 친숙했으면 친구라는 말을 붙였을까요? 문방사우는 선비들이 과거를 준비하고 치르는 모든 순간에 없어서는 안 되는 필수품이자 상징이었어요. 좋은 글귀를 가지런하고 보기 좋게 쓰는 것은 선비의 자존심이었으니 붓은 문방사우 중에서도 가장 중요한 물건으로 통했지요. 또한 선비의 손에 붙들린 채로 선비의 생각과 마음을 글로 옮기는 도구였기에 선비들은 붓을 마음을 헤아려 주는 친구처럼 여겼

너는 나의 절친!

어요.

 붓은 선비뿐만 아니라 조선 사회에 없어서는 안 되는 매우 중요한 물건이었어요. 조선의 모든 문서는 붓으로 기록되었거든요. 이렇게 조선에서 중요한 붓은 필장이라고 불리는 장인이 만들었어요. 필장은 필공 혹은 붓장이라고 불리기도 했지요.

최고의 붓은 어떻게 만들어질까?

 붓은 짐승의 털을 모아 붓대에 꽂아서 만드는 필기구예요. 끝이 뾰족하고 허리는 단단하며 전체 모양은 둥근 붓이 좋은 붓으로 여겨졌는데, 어떤 짐승의 털을 어떻게 섞느냐에 따라 붓의 질이 결정되었어요. 재료만 있다고 쉽게 되는 일이 아니었고, 만드는 사람에 따라 붓의 질이 달라졌어요. 그러므로 필장의 숙련된 기술과 감각이 필요했지요.

 붓 하나를 만들기 위해 필장은 여러 단계의 작업을 거쳐야 했어요. 우선 붓을 만들 털이 준비되면 털에 있는 기름기를 뺐어요. 털에 기름기가 남아 있으면 부드럽지 않고

먹물을 빨아들이지 못했거든요. 기름기를 빼기 위해 쌀겨를 태운 재를 털 위에 뿌리고 다림질을 했어요. 그런 다음

빗으로 빗어 좋은 털을 고르고, 긴 털과 짧은 털로 나누었지요. 그렇게 나눈 털 중 긴 털은 붓의 가운데 부분에 쓰고, 짧은 털은 주변을 감싸는 털로 썼어요. 이 과정을 수십 번 반복해야 붓 하나를 완성할 수 있었어요.

  붓은 한 가지 털이 아니라 여러 종류의 털을 섞어서 만들었어요. 필장은 붓의 용도에 따라 털을 다르게 섞었지요. 일반적으로 억센 털로 가운데 심지를 만들고, 그 주변을 부드러운 털로 감싼 다음, 약간 억센 털로 둘러 마무리했어

붓 중 최고는 황모필

  다람쥐, 족제비, 노루, 염소를 비롯한 각종 짐승 털과 심지어 사람의 털에 이르기까지 다양한 털이 붓털의 재료로 쓰였어요. 그중 조선에서 가장 인기가 좋은 붓은 족제비 꼬리털로 만든 황모필이었어요. 황모필은 조선뿐만 아니라 중국에까지 명성을 날려 중국으로 보내는 조공품 목록에 빠지지 않았어요. 특이한 것은 황모필의 재료인 족제비 털을 중국에서 수입했다는 점이에요. 중국에서 수입한 족제비 털로 붓을 만들어 다시 중국으로 수출한 것인데, 그만큼 조선 필장의 솜씨가 탁월했음을 알 수 있어요.

요. 붓털이 준비되면 한쪽 끝을 실로 묶어 고정한 뒤 벌이 벌집을 만들 때 쓰는 밀랍을 발라서 굳혔어요. 이렇게 만든 붓털을 끈끈한 풀인 아교를 바른 붓대에 꽂아 고정했어요. 붓대는 대개 대나무를 썼는데, 특별한 경우에는 금이나 은을 조각하거나 옥 또는 코끼리의 앞니인 상아를 써서 만들기도 했어요.

힘들고 고달픈 필장의 삶

붓은 국가적인 필수품이기에 왕실과 관청에서 필요한 붓을 만드는 필장을 따로 두었어요. 붓은 워낙 많이 쓰이는 데다가 쓰면 닳는 소모품인 탓에 필장의 일은 끊이지 않았지요. 왕실 소속의 필장은 총 여덟 명이었는데, 이 여덟 명이 왕실과 관청에서 필요한 붓과 중국에 보내야 할 조공품까지 만들어야 했어요. 필장의 수에 비해 만들어야 하는 붓의 수는 셀 수 없이 많아 필장들이 아무리 열심히 만들어도 붓은 늘 부족했지요. 왕실에서 요구하는 양을 채우기도 바쁜 마당에 관리들이 요구하는 양도 만만치 않았어요.

필장들은 왕실에 올리는 것보다 더 많은 붓을 만들어 관리들에게 뇌물로 바쳐야 했거든요. 양반들은 필장을 마치 종 부리듯 하며 재료만 주고는 붓을 만들라 했어요. 필장의 재주와 실력을 인정하기는커녕 공짜로 이용하기만 했던 거예요. 고통에 시달리던 필장들이 견디다 못해 스스로 손가락을 자르거나 목을 매는 참혹한 사건이 일어나기도 했어요.

넘쳐 나는 일에 비해 보상을 적게 받았던 필장은 속임수를 쓰기도 했어요. 선조 때 겉에만 족제비 털을 쓰고 안쪽에는 개털을 쓴 가짜 황모필을 왕실에 올린 일이 드러나 필장이 벌을 받는 일도 있었지요. 왕실에서 선호하는 황모필의 경우 자루당 가격이 4~5전인데, 왕실에 납품하는 가격은 2~3전에 불과했어요. 만들면 만들수록 손해여서 재료를 속인 거지요.

 조선에서 필장으로 사는 일은 힘들고 고달팠어요. 기술을 인정받거나 제대로 대가를 받지 못한 채 고된 노동에 시달릴 뿐이었어요. 글을 받들고 글방의 문구를 친구로 여긴다는 조선의 선비와 양반들이 정작 붓을 만드는 장인에게는 그토록 인색하고 모질었어요. 조선 사회의 부조리한 부분이에요.

마경장, 거울 갈아요!

신분: 평민
하는 일: 녹슨 거울을 갈아서 반짝거리게 만듦.
특징: 녹슨 것은 무엇이든 잘 갊.
오늘날 직업: 없음

거울은 조선 사람들의 필수품

조선 사람들은 몸을 단정히 하는 것을 중요하게 여겼어요. 특히 여성들은 아름다움을 유지하기 위해 머리를 손질하고 얼굴을 꾸몄지요. 이것을 위해 꼭 필요한 것이 바로 거울이었어요.

조선 시대에는 유리가 아닌 청동이나 백동 같은 금속으로 거울을 만들었어요. 청동은 구리에 주석을 섞어 만든 푸른빛이 나는 금속으로, 요즘에는 조각이나 공예품의 재료로 쓰여요. 백동은 구리에 니켈을 섞어 만든 흰색을 띠는 금속이에요. 100원과 500원짜리 동전의 재료가 바로 백동이지요. 이런 금속으로 어떻게 거울을 만들었을까요? 청동이나 백동 같은 금속을 매끄럽게 갈아 손질하면 빛을 반사해요. 그러면 거울로 쓸 수 있었어요.

거울이 필요하도다!

금속을 섞은 뒤 거울 모양으로 만들고, 매끄럽게 다듬는 일에는 숙련된 기술이 필요했어요. 이에 거울을 만드는 전문 장인이 있었으니, 바로 경장이에요. 왕실과 관청에는 경장이 네 명 있었어요.

이들은 왕실과 관청에서 일상적으로 쓰는 거울뿐만 아니라 방패 같은 군사 장비의 부속품으로 쓰이는 거울, 궁중 행사 때 필요한 거울, 중국 사신과 교역할 때 교역품으로 쓸 거울을 만들었어요.

녹슨 거울에 생명을 불어넣는 마경장

금속 거울은 습기와 먼지를 만나면 녹이 슬거나 색이 변했어요. 그러면 거울로서의 쓸모를 잃어버렸지요. 거울이 제대로 쓰이기 위해서는 꾸준히 녹과 때를 벗겨 내며 관리해 줘야 했어요. 그래서 마경장이 탄생한 거예요. 마경장은 녹슨 거울을 갈아서 새것처럼 만들어 내는 장인이에요. 녹이 슬고 때가 껴서 쓰지 못하게 된 거울도 마경장의 손을 거치면 새것처럼 반짝반짝 윤이 나서 선명하게 모습을 비춰 볼 수 있었어요.

마경장이 거울을 손질하는 데 필요한 도구와 재료는 숫돌 몇 개와 들기름이 고작이었어요. 도구와 재료가 단순한 만큼 거울 손질을 좌우하는 것은 마경장의 기술이었지요. 마경장은 거울의 재질과 상태를 살피고, 어떤 숫돌을 쓸지 판단했어요. 그러곤 적절한 힘을 써서 거울을 갈고 닦은 뒤 들기름을 발라 마무리했어요. 들기름을 바르는 것은 모습을 더 잘 비추기 위해 광택을 더하고, 겉에 녹이 스는 것을 막기 위해서였어요. 보기에는 간단하지만, 거울을 너무 많이 갈아도 안 되고, 너무 힘을 줘서도 안 되었어요. 거울을 간 흔적 없이 매끈하게 처리하는 일도 쉽지 않았어요. 이 기술은 수많은 연습과 훈련으로 얻어 낸 거였지요. 숙

런된 기술자가 아니면 할 수 없는 일이었기에 거울을 만드는 경장과는 다른 마경장이라는 장인이 탄생한 거예요.

마경장 구하기는 하늘의 별 따기

사헌부에 명령 내리기를 이달 13일에 마경장 열다섯 명을 데려오도록 했는데 곧 데려오지 않았으니, 공조와 상의원의 해당 관원을 조사하라.

《연산군일기》 10년(1504년) 1월 14일

거울을 잘 가는 것은 오직 장인의 손 기술에 달렸어요. 그래서 솜씨 좋은 마경장은 드물었어요. 마경장을 제때 데려오지 못해서 연산군이 크게 화를 내고 관련된 사람들을 처벌하는 사건도 있었지요. 공조와 상의원은 마경장이 속한 부서였는데, 왕의 명령에도 솜씨 좋은 마경장 여러 명을 급하게 데려오기가 어려웠던 거예요.

솜씨 좋은 광택 전문가의 변신

마경장이 처음부터 거울 손질하는 일을 맡았던 것은 아니에요. 처음에는 무기의 겉면을 매끄럽게 정리하는 일을 하다가, 16세기에 들어서면서 거울 가는 일을 하게 되었어요. 조선 후기에 접어들면 악기나 그릇의 표면을 매끄럽게 다듬고 윤을 내는 일을 하기도 했지요. 그러다 유리 거

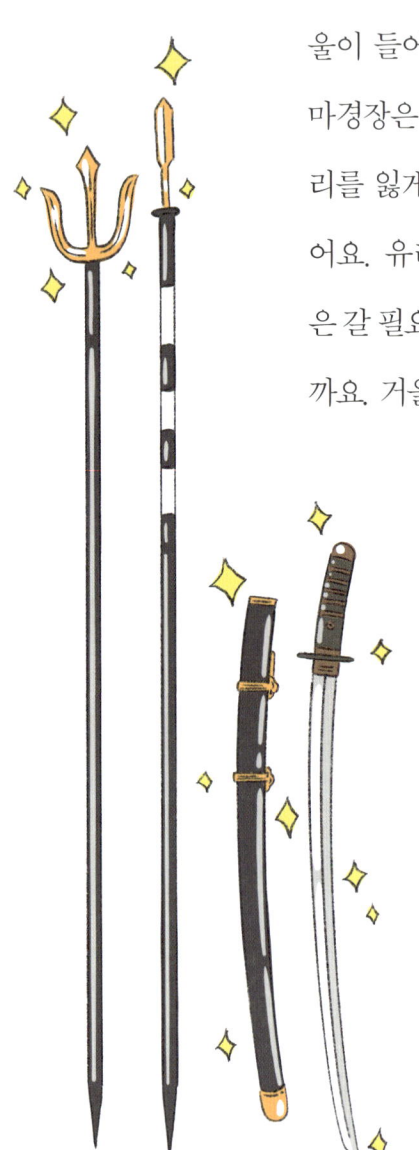
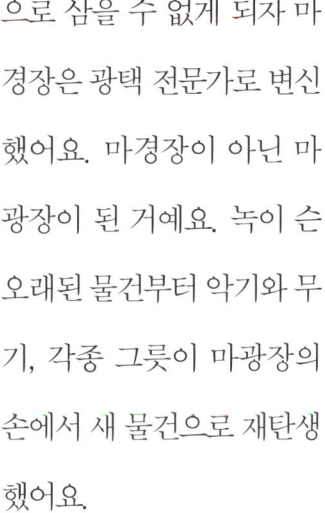

울이 들어오면서 마경장은 설 자리를 잃게 되었어요. 유리 거울은 갈 필요가 없으니까요. 거울 가는 일을 직업으로 삼을 수 없게 되자 마경장은 광택 전문가로 변신했어요. 마경장이 아닌 마광장이 된 거예요. 녹이 슨 오래된 물건부터 악기와 무기, 각종 그릇이 마광장의 손에서 새 물건으로 재탄생했어요.

시대와 상황에 따라 이름은 달라졌지만, 재료를 이해하고 숙련된 기술로 묵은

때를 벗겨 내는 마경장의 솜씨는 여전히 쓸모가 있었어요. 직업의 이름이 사라진다고 해서 그 기술의 쓸모까지 없어지는 것은 아니니까요.

침선장과 침선가, 바느질 선수들

침선장
- **신분:** 평민 또는 천민
- **하는 일:** 왕실에서 필요한 옷과 장신구를 만듦.
- **특징:** 최고 실력을 갖춘 남성만 될 수 있음.
- **오늘날 직업:** 패션 디자이너

침선가
- **신분:** 평민 이상
- **하는 일:** 일감을 받아 필요한 옷을 만들고 고침.
- **특징:** 자기 집에서 삯바느질을 함.
- **오늘날 직업:** 옷 수선사

왕실의 옷을 책임지는 전문 장인

조선의 여성이라면 양반 평민을 가리지 않고 누구나 바느질을 할 줄 알아야 했어요. 집안의 여성이 가족들의 옷을 직접 지었거든요. 그래서 조선 여성들은 집안에서 바느질하는 법을 배우고 솜씨를 이어받았어요. 그러나 왕실

왕실의 옷과 장신구는 내가 책임진다!

에는 옷을 만드는 전문 장인이 있었으니, 바로 침선장이에요. 침선이란 바늘과 실이란 뜻으로, 곧 바느질을 의미해요. 침선장은 평민과 천민 출신 남성으로, 왕실의 옷을 만들고 관리하는 부서인 상의원에 속한 장인이었어요. 그곳에서 침선장은 왕실에서 필요한 옷과 장신구 따위를 만들었어요.

 왕실의 옷은 왕족의 위엄과 권위를 드러냈기에 옷이 가지는 힘과 의미가 특별했어요. 바느질 솜씨만 좋다고 만들 수 있는 것이 아니라 왕실에서 정한 규칙을 잘 알고 그것에

맞게 옷을 만들어야 했지요. 그렇기 때문에 침선장의 책임이 컸어요.

　왕실의 옷을 만들고 관리하는 과정은 무척 복잡하고 까다로웠어요. 금색과 은색 실로 옷감을 짜거나 쓰임새에 따라 염색을 하는 것에서부터 수를 놓고 금박을 올려서 꾸미는 것, 옷을 빤 뒤 풀을 먹이고 손질하는 과정에 이르기까지 하나하나 손이 많이 갔지요. 옷뿐만 아니라 신발, 머리에 쓰는 관모, 손에 드는 규, 허리에 묶는 대, 격식에 맞는 보석과 같은 다양한 장식물까지 준비해야 했어요. 이 모든

일을 침선장들이 나눠서 했어요.

  상의원에 속한 침선장은 세종 때 467명, 성종 때 597명이었고, 침선장을 돕는 노비가 70명 가까이 있었어요. 이 숫자는 조선 후기까지 유지되었지요. 왕실의 옷을 짓기 위해 이토록 많은 사람이 참여한 것만 봐도 그 의미가 특별했음을 알 수 있어요.

상의원에서는 옷만 만들었나요?

  상의원은 왕실에서 필요한 옷과 장신구 같은 것들을 만들고 비싸고 가치 있는 물건들을 관리하던 부서예요. 옷뿐만 아니라 악기와 무기, 말을 탈 때 쓰는 도구 따위를 만들었기에 그 당시 최고의 실력을 갖춘 장인들이 상의원에 모였어요. 천민이라도 솜씨와 실력이 좋으면 인정을 받아 벼슬길에 오르기도 했으니, 발명가 장영실이 천민이지만 벼슬을 할 수 있었던 것도 상의원에서 실력을 인정받았기 때문이에요.

  상의원은 왕과 왕비가 매일매일 입고 쓰는 물건을 만들고 보관하던 곳이기 때문에 경복궁, 창덕궁, 경희궁을 비롯하여 궁궐마다 있었어요.

침선장을 돕는 침선비

궁궐에서는 바느질을 담당하는 노비인 침선비가 침선장의 일을 도왔어요. 침선비는 바느질하는 침방과 수를 놓는 수방에 속해 왕과 왕비의 일상복과 속옷, 이부자리와 베개 따위를 만들었어요. 또 왕실의 옷을 세탁하고 보관하는 것도 침선비의 일이었지요.

바느질하고 수를 놓고 옷과 이부자리를 관리하는 침선비의 일은 배우고 익히는 데 시간이 오래 걸렸어요. 그래서 궁에 들어온 일곱 살에서 여덟 살쯤 되는 어린 나이 중

에서 손이 야무진 여자아이를 뽑아 침선비로 길렀어요. 고사리손으로 바느질을 배우는 일은 힘들고 고됐어요. 일을 하다가 수도 없이 바늘에 찔려 손가락이 성할 날이 없었지요. 거기에 바느질을 못하면 그것에 대한 책임을 져야 했는데, 더러는 감옥에 갇히는 일도 있었어요. 이렇듯 왕실의 침선비로 일하는 것은 매일매일 긴장의 연속이었어요.

그러나 일단 실력을 인정받으면 꾸준히 돈을 벌 수 있었고, 능력이 뛰어나거나 특별한 일을 하면 추가로 대가나 상을 받기도 했어요. 침선비는 천민임에도 불구하고 양반 여성처럼 화려한 비단옷을 입고 노리개를 찰 수 있었으며, 가발을 쓸 수 있는 특권을 누리기도 했지요. 침선비 중에는 궁에 살지 않고 출퇴근하는 이들도 있었는데, 이런 침선비들이 자연스레 왕실의 고급문화를 궁 바깥세상에 전하고 유행을 이끄는 역할을 했어요.

침선비는 옷을 짓다가 궁중 연회가 열리면 춤과 노래도 담당했어요. 이런 이유로 침선비를 상방 기생이라고 부르기도 했지요.

궁궐 밖의 바느질 장인들

궁궐 안에서는 남성 침선장이 왕실의 옷을 책임졌다면, 궁궐 밖에서는 여성들이 바느질 장인으로 활약했어요. 조선 여성에게 바느질은 일상이지만, 특별히 솜씨가 좋은 여성은 바느질하는 것을 직업으로 삼았지요.

한복은 옷을 만들 때도 바느질이 필요하지만, 빨래를 할 때도 바느질이 필요했어요. 바느질했던 부분을 뜯어서 빨았기 때문이에요. 빨래가 끝나면 다시 바느질을 해서 옷을 완성했고요. 그러니 집집마다 바느질거리가 넘쳐났어요.

특히 예의를 중시하던 양반일수록 옷매무새를 중요하게 생각했기 때문에 솜씨 좋은 바느질 장인은 늘 환영받았어요. 양반집에서는 집에서 함께 살며 바느질을 도맡아 하는 일꾼을 썼는데, 이 일꾼을 침모라고 했어요. 침모는 대개 평민 이상의 신분으로 몰락한 양반집의 독신녀나 과부, 중인 계급의 여성이 많았어요. 신분도 평민 이상인 데다 바느질 기술을 가졌기 때문에, 부엌에서 일하는 찬모나 허드

렛일을 도맡는 안잠자기보다 높은 대우를 받았지요.

　일감을 받아 집에서 삯바느질을 하는 여성도 많았는데, 이런 사람들을 침선가라고 했어요. 요즘으로 치면 집에서 일하는 프리랜서 장인이라고 볼 수 있지요. 침선가는 복잡하고 어려운 바느질 기술이 필요한 관복이나 남성의 겉옷인 도포를 비롯해 혼수 옷, 어린이가 쓰던 복건과 굴레 따위를 만들었어요. 바느질을 잘하는 침선가는 솜씨가 뛰어난 사람이라는 뜻의 선수라 불리며 인정받았지요.

　침선가 중에는 양반집 여성도 많았어요. 조선 후기로 갈수록 관직에 나가지 못하는 양반이 많아 아내가 돈을 버는 일이 많았거든요. 양반 집안의 과부가 삯바느질로 생계를 꾸리기도 했어요. 이렇게 삯바느질로 집안 살림을 꾸리고 자식들을 뒷바라지하는 여성은 무수히 많았어요. 그러다 재봉틀이 만들어지고 기성복이 널리 퍼지면서 삯바느질은 차차 사라졌어요.

행사에는 언제나 광대가 있다!

광대는 가면극, 인형극, 판소리와 같은 민속극이나 줄타기, 재주넘기와 같은 땅재주 따위를 선보였던 사람을 통틀어 이르던 말이에요. 요즘으로 치면 연예인이라고 불릴 만한 직업이었어요.

광대는 본래 가면을 뜻하는 말이에요. 섣달그믐에 악귀를 쫓아내는 행사인 나례를 할 때 쓰던 큰 가면을 광대라고 했는데, 점점 가면을 쓰고 나례 의식을 하는 사람도 광대라고 부르게 되었어요. 나중에는 가면을 쓰지 않고 공연을 펼치는 춤꾼, 소리꾼, 연기자 등의 예능인을 이르는 말이 되었지요. 광대는 나례 때 가면을 쓰고 주문을 외며 노래하고 춤을 추었는데, 이는 점

악귀야 물렀거라!

차 공연 성격의 놀이로 변했어요.

  광대는 국가의 여러 행사에서 노래와 춤, 기예와 가면극 따위를 선보였어요. 한 해의 마지막 날 하던 나례와 궁궐 밖으로 나갔던 왕이 궁으로 돌아올 때, 그리고 외국 사신을 맞을 때 하는 행사가 광대들의 큰 무대였지요. 그밖에 왕실 자손의 태반이나 탯줄 같은 태를 보관하는 의식을 치르거나 이전 왕의 행적을 기록한 실록을 지방으로 옮겨 보관할 때, 관찰사가 부임할 때, 과거 급제를 축하할 때 같은 각종 행사에는 광대가 빠지지 않았어요. 그때마다 광대들은 다양한 공연을 선보이며 분위기를 돋웠답니다.

즐거움을 주지만, 즐겁지 않은 광대의 삶

  광대는 왕과 관리, 외국 사신, 일반 백성에 이르기까지 다양한 사람에게 볼거리와 즐거움을 주었지만, 천민 신분으로 태어나 평생 무시와 차별을 받았어요. 평민으로 태어났어도 광대 일을 하면 천민 취급을 받았지요. 광대는 직업이 아닌 신분을 뜻하는 말이었던 거예요. 과거를 볼 수

도, 땅을 가질 수도 없었고, 광대끼리만 결혼할 수 있었어요. 거기에 광대의 자녀로 태어나면 광대를 해야 했지요. 평민과 같은 곳에서 살 수 없어서 광대촌이나 재인촌이라 불리는 외딴곳에 떨어져 살았어요. 그곳에 살면서 국가의 관리를 받았고, 도망가면 큰 벌을 받았어요.

광대는 무리 지어 다니면서 공연을 하며 먹고살았는데,

일이 없을 때는 농사를 짓거나 물건을 만들고 파는 일 따위를 가리지 않고 해야 겨우 생계를 이어 갈 수 있었어요.

  점차 광대들이 많아지고 공연이 늘면서 광대들은 자치 조직이나 단체를 만들어 국가 행사를 이끌었어요. 18세기 후반 경기도와 충청도, 전라도 지역의 광대들이 만든 재인청이 대표적이에요.

판소리는 광대

  조선 후기에는 판소리가 크게 유행했어요. 양반은 물론 왕실에서도 판소리를 즐겼지요. 판소리가 큰 인기를 얻자, 광대들은 주로 판소리 공연을 하려 했고, 줄타기 같은 곡예를 하찮게 여겼어요. 그래서 판소리에서 창을 부르는 사람을 광대라고 부르고, 줄타기 같은 곡예를 부리는 사람을 재인이라고 나눠 부르기 시작했어요. 특히 판소리에서 노래로 이야기를 이끌어 나가는 광대를 소리 광대라 부르며 가장 바람직한 광대로 여겼고, 실력이 좋아 여러 고장으로 불려 다니던 소리 광대를 명창이라고 불렀어요. 전주 대사습

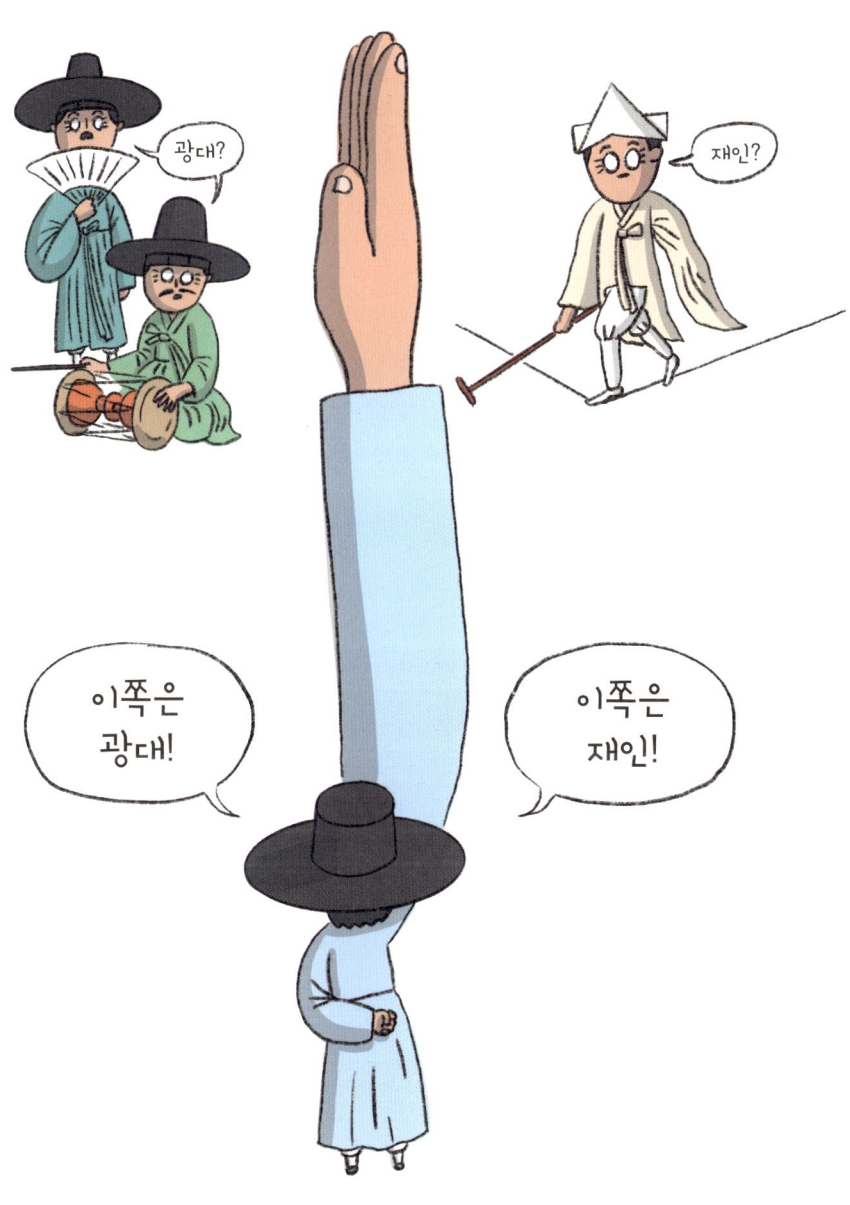

같은 판소리 대회에서 1등을 한 명창은 궁궐로 불려 가 왕 앞에서 판소리를 하기도 했어요. 이런 명창을 어전 명창 또는 어전 광대라고 불렀는데, 궁궐에서 판소리를 하려면 벼슬이 필요해서 명예직이지만 벼슬을 받기도 했어요. 이런 영광을 얻었던 명창들은 나라의 인정을 받은 명창이라는 뜻의 국창으로 불리기도 했지요.

　실력이 부족해서 왕 앞에서 소리를 뽐내진 못했던 많은 광대는 전국 곳곳에서 자신의 목소리를 들려줬어요. 광대 덕분에 판소리는 더 많은 사람에게 사랑을 받게 되었지요.

전국 유랑 예능인, 사당패

재인촌에 속한 광대 말고도 전국을 떠돌며 공연하는 유랑 예능인도 많았어요. 이 예능인들은 전국의 마을과 장터를 떠돌며 춤과 노래, 곡예를 선보이고 돈과 먹을거리를 얻어 생계를 이어 갔어요. 가장 오래된 유랑 집단은 사당패였는데, 사당이라고 하는 여성 예능인들이 앞에 나가 춤을 추고 노래를 하면, 거사라고 하는 남성 예능인들이 소고로 장단을 맞추며 흥을 돋웠어요. 사당패는 전국을 돌며 공연을 하다가 겨울이면 절에 들어가 다음 해 공연을 준비했어요.

유학자들은 사당패의 공연이 유학의 가치에 어긋나고 풍습을 어지럽힌다는 이유로 비난하고 천하게 여겼어요. 죄 없는 사당패들을 잡아 매질하거나 악기를 빼앗는 관리도 있었지요. 그러나 유학자들의 비난과 억압에도 불구하고 춤과 노래로 백성들의 고단함을 씻어 주고 부도덕한 양반을 시원스레 꼬집어 주는 사당패의 놀이판에는 늘 사람들이 넘쳤어요.

악생과 악공, 국립 오케스트라 단원들

신분: 평민(악생), 천민(악공)
하는 일: 국가 행사에서 악기를 연주하고 노래와 춤을 선보임.
특징: 음악적 재능으로 뽑힌 것이 아님.
오늘날 직업: 국립 오케스트라 단원

1년 내내 음악이 끊이지 않은 조선

중요한 행사나 공연에서 음악은 분위기를 이끌고 행사의 격을 높여요. 유교에서는 예절과 더불어 음악을 중요하게 여겼는데, 음악이 사람들을 화목하게 어울리게 해서 사회를 조화롭게 만든다고 생각했기 때문이에요. 유교를 따랐던 조선에서는 특히 의례를 치를 때 쓰는 음악을 중요하게 여겼어요. 의례는 정해진 방식으로 진행하는 행사이기 때문에 왕실에서 연주하는 음악은 단순히 듣고 즐기는 것이 아니라 의례의 중요한 부분이었어요.

조선에는 왕실 전속 음악가가 있었어요. 이들은 장악원이라는 관청에 소속된 전문 음악가로 국가 행사에서 악기를 연주하고 노래와 춤을 선보였어요. 지금으로 치면 국립 오케스트라의 단원이었던 셈이에요. 장악원에 소속된 음악가로는 악생과 악공이 있었는데, 악생과 악공은 연주하는 음악이 달랐어요. 조선은 행사나 의례에 따라 연주하는 음악이 달랐거든요. 악생은 평민 출신으로 제사 때 연주하는 음악인 아악과 여럿이 악기를 들고 줄을 맞춰 추는 춤인

일무를 담당했어요. 악공은 천민 출신으로 국가 잔치에서 향악과 당악을 연주했지요. 향악은 삼국 시대부터 전해 온 전래 음악을, 당악은 중국에서 들어온 음악을 가리켜요.

 악생과 악공의 연주는 1년 내내 이어졌어요. 궁궐에서는 제사나 잔치 같은 행사가 끊이지 않았고, 이때 음악은 필수였기 때문이지요. 1년에 제사만 해도 역대 왕과 왕비의 이름이 적힌 신주를 모신 종묘에서 지내는 종묘 제례 일곱 번과, 땅의 신과 곡식의 신에게 지내는 사직제가 두 번 넘게 있었어요. 그 밖에도 각종 제사가 이어졌지요. 왕세자와 왕비의 책봉, 결혼식과 같은 각종 예식과 외국에서 온 사

신을 위해 벌이는 잔치도 많았어요. 심지어 왕이 활쏘기를 할 때도 음악이 있었지요. 악생과 악공의 연주와 춤은 이 모든 행사에 활기를 불어넣고 격을 높이는 역할을 했어요.

연습만이 살길!

왕실 전속 음악가의 삶은 어땠을까요? 악생과 악공의 연주는 개인의 실력을 뽐내기 위함이 아니라 국가 행사를 위한 연주였기에 실수는 용납되지 않았어요. 국가 행사에서 정확하고 수준 높은 음악을 연주하기 위해 악생과 악공은 끊임없이

연습해야 했지요.

  장악원에서는 정기적으로 연습하는 날을 법으로 정해 놓고 꼭 지키게 했어요. 악생과 악공은 매달 2와 6으로 끝나는 날인 2일, 6일, 12일, 16일, 22일, 26일에 무조건 연습

에 참여해야 했고, 특별한 행사가 있을 때는 별도의 연습과 두세 차례에 이르는 총연습도 해야 했지요.

  악생과 악공이 연습을 게을리할 수 없었던 또 하나의 이

유는 정기적으로 치러야 하는 실기 시험 때문이었어요. 실기 시험을 치르려면 석 달에 30일 넘게 출근하고, 이유 없이 연주에 두 번 넘게 결석하면 안 된다는 조건이 있었어요. 한 달에 여섯 번 있는 정기 연습만 참여해서는 시험을

볼 수 없었기에 시험을 보려면 한 달에 열 번 넘게 출근해서 연습을 해야 했지요. 이렇게 출근해서 열심히 연습한 사람에게는 승진의 기회도 주어졌어요. 1200일 넘게 출근

하면 품계를 올려 주었거든요. 이 모든 것은 악생과 악공이 더 많이 연습하게 하기 위함이었어요. 끊임없는 연습만이 완성도 있는 연주를 가능하게 했기 때문이에요.

음악 전문가 정조

　정조는 음악에 조예가 깊은 왕이었어요. 행사나 의례 때 연주되는 곡을 다 알고 있는 것은 물론, 연주자 한 명이 두 박자를 빠뜨리고 연주한 것도 알아차릴 정도로 귀도 밝았어요. 정조는 행사나 의례가 없는 날에도 장악원의 악생과 악공을 불러 곡을 연주하도록 한 뒤 제대로 연주하고 있는지 하나하나 꼼꼼히 살펴봤어요. 그러면서 제사를 지낼 때 곡을 제대로 연주하지 않는 것은 제사를 지내지 않는 것과 같다고 강조했지요.
　그런 정조가 제사 때 악공 수가 모자라거나 곡을 빠뜨리고 연주한 것을 알아차리고 장악원의 관리와 책임자를 꾸짖거나 관직에서 물러나게 한 일은 놀랄 일도 아니에요. 그래서 장악원의 연주자들은 정확하고 실수 없이 연주하기 위해 더 실력을 갈고닦았어요.

배고픈 조선의 음악가들

 음악가들이 끊임없는 연습과 연주를 한 뒤 받는 월급은 어느 정도였을까요? 장악원에서 일어난 일을 기록한 책 《악장등록》에는 1723년 악공의 한 달 월급이 베 한 필이라고 나와 있어요. 정조 때는 베 한 필이 2냥, 쌀로는 6말의

가치와 맞먹었어요. 오늘날의 쌀 80킬로그램 정도, 대략 20만 원 정도를 받은 거예요. 요즘으로 치면 최저 생계비에도 미치지 못하는 박봉이지요. 악생과 악공은 국가 기관

인 장악원에 소속되긴 했으나 보인이 내는 베를 받았어요. 보인은 나라에 필요한 세금을 내는 사람이에요. 보인이 내는 세금으로 악생과 악공의 월급을 줬는데, 이 세금이 적어서 악생과 악공의 월급은 적을 수밖에 없었지요. 최소한의 생활비도 벌 수 없는 직업이었기에 악생과 악공은 인기가 없었어요. 국가 행사에 필요한 악생과 악공의 수를 채우지 못해 각 지방에 몇 명씩 사람을 올려 보내라고 강요해야 할 정도였지요. 이렇듯 악생과 악공은 음악적 재능이 있어서 뽑힌 것이 아니었어요. 음악과 관련된 일을 시키기 위해 사람을 모은 뒤 장악원에서 음악인으로 길러 낸 거였지요. 전국 각지에서 한양으로 올라온 악생과 악공은 백성들의 집에서 신세를 지거나 형편이 안 되면 궁궐 근처의 공터에서 지내기도 했어요. 그야말로 배고픈 예술가였던 거예요. 《악장등록》에는 68명의 악공이 먹고사는 것의 어려움을 털어놓는 상소를 올린 기록도 남아 있어요.

먹고살기 어려웠던 음악가들은 부업에 나서기도 했어요. 궁궐 밖에서 열린 백성의 잔치나 행사에서 연주하고 받은 돈으로 생계를 이어 갔던 거예요. 악생과 악공이 먹고살기 위해 했던 일탈이 결과적으로는 궁중 음악과 민간 음악을 만나게 해 주었어요.

어려움 속에서도 끊임없이 실력을 갈고닦은 악생과 악공은 전악의 자리까지 오를 수 있었어요. 전악은 오늘날의 음악 감독 혹은 지휘자에 해당하는 자리로 악생과 악공의 연습과 행사의 연주를 이끌었어요. 무대를 연출하고 악기를 만드는 것에도 관여할 만큼 음악적인 실력과 지도력, 예술적인 감각을 두루 갖춘 전문 음악가였지요. 그러나 오를 수 있는 품계가 정해져 있었고, 일정 기간이 지나면 자리에서 물러나야 했어요. 그렇지만 전악에서 은퇴한 뒤에도 제자들을 가르치거나 악보를 만드는 것과 같은 음악과 관련된 일을 이어 갔어요.

사진으로 만나는 조선의 장인

백자 달 항아리
조선을 대표하는 백자 항아리예요. 몸통이 마치 둥근 달과 같아서 달 항아리라고 불러요. 광주 분원에서 만들어졌어요.

〈필공이〉
조선 말기 화가 김준근이 붓을 만들고 있는 두 필장의 모습을 담은 그림이에요. 오른쪽 사람은 털 고르기를, 왼쪽 사람은 마무리 작업을 하고 있어요.

청동 거울
조선 사람들이 쓰던 청동 거울의 모습이에요. 녹이 잘 스는 청동 거울을 마경장이 갈아서 새것처럼 만들어 주었지요.

《사제첩》 중 〈바느질〉
조선 중기의 화가 조영석이 세 여인이 바느질하는 모습을 담은 그림이에요. 이 세 여인은 삯바느질하는 침선가로 추측돼요.

〈광대줄타고〉
조선 말기 사람들의 생활 모습을 주로 그린 화가 김준근의 또 다른 그림이에요. 광대가 악사들의 반주에 맞춰 줄을 타고 있는 모습을 담았어요.

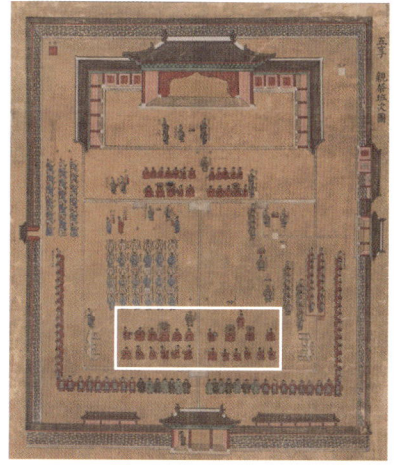

〈종묘친제규제도설병풍〉 중 7폭 〈오향친제반차도〉
종묘에서 드리는 제사 방법을 글과 그림으로 정리한 병풍에 있는 그림이에요. 아래쪽에 종묘 제례악을 연주하고 있는 악생의 모습이 보여요.

초판 1쇄 발행 2025년 4월 30일
초판 2쇄 발행 2025년 9월 23일

글쓴이 김영숙
그린이 방상호
펴낸이 최순영

교양 학습 팀장 김솔미 **편집** 김나연
키즈 디자인 팀장 이수현 **디자인** 방상호

펴낸곳 ㈜위즈덤하우스 **출판등록** 2000년 5월 23일 제13-1071호
주소 서울특별시 마포구 양화로 19 합정오피스빌딩 17층
전화 02) 2179-5600 **홈페이지** www.wisdomhouse.co.kr
전자우편 kids@wisdomhouse.co.kr

ⓒ김영숙, 방상호 2025

ISBN 979-11-7171-408-7 73910

※ 이 책의 전부 또는 일부 내용을 재사용하려면 반드시 사전에 저작권자와 ㈜위즈덤하우스의 동의를 받아야 합니다.
※ 인쇄·제작 및 유통상의 파본 도서는 구입하신 서점에서 바꿔드립니다.
※ 책값은 뒤표지에 있습니다.
※ 이 책의 사용 연령은 8~13세입니다.

사진 출처
54쪽 《행려풍속도병》 중 〈거리의 판결〉(국립중앙박물관), 소지(국립중앙박물관), 조보(국립중앙박물관) **55쪽** 산가지(국립민속박물관), 〈조선 통신사 행렬도〉(국립중앙박물관), 《신주무원록》(한국민족문화대백과사전) **102쪽** 〈중화장하는모양〉(국립민속박물관), 똥장군과 지게(국립민속박물관) **103쪽** 쇠뇌(국립민속박물관), 《북관유적도첩》 중 〈야전부시도〉(Wikipedia), 곤장(국립중앙박물관) **154쪽** 〈상여〉(국립민속박물관), 면포(국립대구박물관) **155쪽** 〈병풍풍속도〉(국립중앙박물관), 〈정선 아우라지 뗏목〉(연합뉴스), 《단원풍속도첩》 중 〈담배 썰기〉(국립중앙박물관) **210쪽** 달항아리(국립중앙박물관), 〈필공이〉(국립민속박물관), 청동 거울(국립중앙박물관) **211쪽** 《사제첩》 중 〈바느질〉(한국민속문화대백과사전), 〈광대줄타고〉, 〈종묘친제규제도설병풍〉 중 7폭 〈오향친제반차도〉(국립고궁박물관)